결혼은 신중하게
이혼은 신속하게

결혼은 신중하게
이혼은 신속하게

결혼은 신중하게
이혼은 신속하게

17만 유튜버 '아는 변호사'의
결혼 이혼 실전 문답

이지훈 지음

21세기북스

3 이혼 후 유쾌하게

내가 무너져 내리던 날

24세, 숙명여자대학교 경제학과에서 고려대학교 법학과로 편입한 저는 29세에 군법무관 임용고시에 합격했고, 30세에 결혼을 했으며, 37세에 이혼을 했습니다. 이혼은 저에게 새로운 삶의 시작이자 진정한 '나'로 살게 하는 전환점이 되었습니다. 물론 그런 결론에 도달하기까지 죽을 것 같은 고통과 절망의 시간을 보내야 했지만 말입니다.

저의 30대는 시작부터 철저하게 무너져 내리는 시간이었습니다. 20대에 치열하게 공부해서 고시 합격이라는 결과를 얻었으니 당연히 안정적인 30대를 맞이하게 될 거라는 저의 기대는 산산이 조각나버렸습니다. 사실 저의 그 기대는 아무런 근거도 없는 것이었습니다.

행운의 여신은 불행도 함께 가져다주듯이 2000년 고려대학교 법학과로 편입했던 순간은 물론, 2004년 군법무관 임용고시에 합격했던 그 행복한 순간에도 불행은 이미 제 곁에 와 있었습니다. 하지만 눈앞의 성공에 도취되어 있던 저는 그것을 전혀 눈치채지 못했고, 후일 제 인생은 그로 인해 크게 휘청거리게 되었습니다.

생물학적인 나이와 삶에 대한 통찰력은 아무런 상관이 없습니다. 마흔이 되었다고 해서 모두가 불혹할 수 있는 것은 아닙니다.

지극히 모범생이었던 저는 그동안 잘 학습해온 대로 직장을 구했으니 다음 순서인 결혼에 올인했습니다. 나이만 29세이지 삶에 대한 아무런 방향도 가치도 없던 저는 말도 안 되는 기준으로 결혼 배우자를 골랐습니다.

물론 그 과정에서 권위, 통계, 교육, 선입견 등 다양한 망상에 사로잡혀 철저하게 나 자신을 기만했습니다. 그렇게 저에게도 어김없이 여자의 일생이 시작되었습니다.

성공했다는 착각, 여자의 일생, 삶에 대한 방향 부재, 통제된 조직생활 등 다양한 요소들이 저의 30대를 조금씩 허물어뜨렸고, 이 모든 결과를 더 이상 감당할 수 없는 지경에 이르자 저는 한순간에 무너졌습니다.

과거에 대한 후회와 미래에 대한 걱정에 압도되어 있던 저는 현재를 살 수 없는 상태, 즉 심각한 우울증의 터널에 갇혔습니다. 실패를 만회할 길이 없던 저는 이제 그만 삶을 끝내겠다는 생각과 사투를 벌여야 했습니다.

그렇게 10개월 정도의 시간이 흘렀습니다. 누군가를 원망하고 분노에 차 있던 저는 그때서야 비로소 나 자신을 돌아보게 되었습니다. 수도 없이 과거로 돌아가 스스로에게 '나는 어떤 사람이지?', '나는 왜 결혼을 했지?'라는 질문을 반복했습니다.

'아, 나는 그런 사람이었구나', '맞아 사실 나는 이런 걸 싫어했지', '그런데 왜 그렇게 생각했을까?' 끊임없는 질문과 답변을 통해 저는 이제껏 견고하게 버티고 있던 '철저하게 만들어진 나'를 깨부술 수 있었고, 비로소 가장 솔직한 나를 대면하게 되었습니다.

그때 저는 두 가지 길이 놓여 있음을 깨달았습니다. 이대로 내가 없는 삶을 살 것인가? 아니면 이제라도 나로 살 것인가? 선택은 간단했습니다.

저는 도저히 제가 없는 삶을 살 수 없었습니다. 나다운 삶을 살기로 결정한 순간 저는 저를 가두고 있던 긴 우울증의 터널에서 빛을 발견하고 빠져나올 수 있었습니다.

그때서야 제 인생의 선택지에 '이혼'이라는 체크 박스가 생성되었습니다. 그러고는 주저 없이 이혼을 선택했습니다. 터널에 갇힐 때의 저와 빠져나온 뒤의 저는 완전히 바뀌어 있었고, 그러자 세상이 바뀌었습니다.

저는 이 책을 통해 삶에 대한 통찰도 없고 홀로 서지도 못한 사람이 그저 나이가 찼다는 이유로, 또는 괜찮은 직장을 가졌다는 이유로 인생의 중요한 문제를 경솔하게 선택했을 때 삶이 얼마나 처참하게 무너지는지에 대해 보여드리고자 합니다.

'결혼은 신중하게, 이혼은 신속하게' 하는 것입니다. 하지만 우리는 여러 가지 이유로 결혼을 신속하게 하고, 이혼을 신중하게 합니다. 이 책은 변호사로서 마주했던 다양한 상담과 개인적인 경험을 바탕으로 우리가 결혼과 이혼을 선택할 때 어떤 요소에 영향을 받는지, 그리고 무엇에 가스라이팅 당해 결혼을 신속하게, 이혼을 신중하게 하는지에 대한 답을 찾아가는 여정입니다.

이 여정을 함께한 여러분들이 저와 같은 시행착오 없이 각자의 인생에서 '나답게' 바로서는 사람, 한결같은 사람이 되기를 바라고, 스스로의 경계를 뛰어넘어 성공하는 삶을 살기를 희망합니다.

힘든 시절, 저를 믿고 지지해준 가족과 저의 세 딸을 진심으로 사랑합니다.

1

결혼은 신중하게

결혼의 조건

이왕 할 거면 잘하자!
이런 이유로 결혼하면 100% 이혼한다

인생은 흐르고 붙잡을 수 없다.

썰물과 밀물처럼 여러 움직임과 변화로

이루어진 세상에서

우리에게 결코 영원한 성취란 없다.

우리는 단지 경험할 뿐이다.

동시에 어디에도 얽매이지 않는다.

어떤 것도 영구적이거나 치명적이지 않기 때문이다.

— 조앤 치티스터,『모든 일에는 때가 있다』

결혼, 꼭 해야 하나요?

결혼은 제도입니다. 제도의 사전적 의미는 '관습이나 도덕, 법률 따위의 규범이나 사회 구조의 체계'입니다. 그러니까 제도는 어떤 목적을 위해 인위적으로 만든 것이지 인간의 본능에 따른 결과가 아닙니다.

이와 같이 결혼은 제도이기 때문에 해도 되고 안 해도 되는 선택의 문제입니다. 엄밀히 말하면 결혼이란, 법률의 테두리 안으로 들어가느냐 마느냐의 문제입니다. 그래서 많은 분들이 고민합니다. 과연 결혼을 할 것인가 말 것인가?

우리는 모두 인생이라는 바다 위에서 끝을 알 수 없는 항해를 하고 있습니다. 항해를 하다 보면 어려운 일이 생기기 마련입니다. 어마어마하게 큰 파도를 만날 수도 있고, 배가 난파되는 끔찍한 일이 벌어질 수도 있습니다. 하지만 항해를 함께하는 동반자가 곁에 있다면 인생의 풍파는 더 이상 시련이 아니며 하나의 모험이 되는, 그 자체만으로도 굉장히 멋진 일입니다. 인생에서 동반자를 만난다는 것은 그야말로 신의 축복입니다.

우선 이런 동반자를 만난 뒤 결혼을 할지 말지 고민해야 하는데, 우리는 반대로 결혼을 먼저 결정한 뒤 그에 합당한 사람을 찾아다닙니다. 아니면 동반자를 만나지도 않은 상황에서 비혼을 결정하기도 합니다. 이런 결정은 단지 결혼 제도에 대한 순응과 저항에 불과합니다.

먼저 동반자를 찾으십시오. 동반자는 결혼할 나이가 되었다고 해서 내 앞에 짠 하고 나타나는 것이 아닙니다. 또한 동반자는 '내 주변에 있는 그나마 괜찮은 사람 중 나와 결혼할 생각이 있는 사람'도 아닙니다. 동반자란 '어떤 행동을 할 때 짝이 되어 함께하는 사람'입니다.

그렇다면 우선 내가 어떤 행동을 하고 있어야 합니다. 내 인생의 방향을 찾아 그곳을 향해 나아가고 있어야 한다는 말입니다. 그때야 비로소 상대방이 나와 함께 짝이 되어 그 길을 갈 수 있는 사람인지 알 수 있습니다.

자기 자신에 대해 탐구를 해본 적도 없고, 내가 어떤 사람인지도 모르는 사람은 삶이 불안할 수밖에 없습니다. 자신이 외로운 이유도 알지 못합니다. 그러고는 외롭다, 안정을 찾고 싶다는 등의 이유로 결혼을 선택하곤 합니다. 지금 여러분이 해야 할 일은 결혼이 아니라 자신을 바로 세우는 것입니다.

동반자를 만났다면 이제 결정할 일은 법률혼에 대한 선택입니다. 두 사람이 함께 살아가는 모습은 법률혼, 사실혼, 동거 이외에도 다양한 형태가 있습니다. 두 사람만의 전혀 새로운 가족의 형태를 만들 수도 있습니다.

법률혼을 한다는 것은 두 사람에게 법이 강제하는 권리와 의무가 생긴다는 뜻입니다. 그러니까 두 사람의 관계를 법이 규율하도록 허락하는 것입니다. 혼인신고는 그런 의미가 있는 법률 행위입니다.

우리 민법은 법률상 부부에게 동거, 부양, 협조, 정조 의무를 부여하고 부부에게 각각 일상 가사 대리권을 발생시킵니다. 즉 부부에게는 일상적인 공동생활을 위한 법률상 대리권이 생기고, 그로 인한 채무에 대해서는 연대하여 책임지는 것입니다. 이것은 도의적인 책임이 아니라 법적인 책임입니다.

또한 법률혼의 부부에게서 자녀가 출생한 경우 이를 남편의 자녀로 추정합니다. 당연한 것 아니냐고 생각할 수 있지만 그렇지 않습니다. 여성의 경우 출산을 하면 생물학적으로 엄마가 되지만, 남성의 경우 남편이라고 해서 당연히 생물학적으로 아빠가 되는 것은 아닙니다. 부성은 단지 추정할 뿐입니다. 따라서 법률혼이 아닌 경우에는 자녀가 태어나도 인지(認知)라는 법률 행위를 해야 비로소 법률상 부모와 자식의 관계가 성립됩니다.

법률혼의 부부는 재산상의 효력에 있어서도 민법의 규율을 받습니다. 고유재산과 특유재산은 각자 사용수익하고, 귀속 불명의 재산은 공유로 추정하는 것 등입니다.

법률혼이 해소되는 경우는 단 두 가지뿐인데, 바로 사망과 이혼입니다. 결혼은 싫어졌다고 해서 중간에 그만둘 수 있는 것이 아니고, 사망과 이혼이 아니면 혼인 계약을 해지할 수 없습니다. 또한 이혼 시에는 재산 분할이라는 골치 아픈 문제도 뒤따릅니다.

이와 같이 민법은 법률혼에 적용되는 게임의 규칙과 같은 것입니다. 하다못해 RPG 게임을 할 때도 먼저 규칙을 이해하기 위해 공략집을 공부하는데, 심지어 여러 가지

권리와 의무가 발생하는 법률혼을 결정하면서 게임의 규칙에 관심조차 두지 않는다면 그 결혼은 이미 실패가 예견되어 있다고 할 수 있습니다.

결혼은 제도이고 선택입니다. 여러분이 가장 먼저 해야 할 일은 첫째, '나를 세우고 내 인생을 살아갈 것', 둘째, '내가 바로 선 후에 동반자를 찾을 것', 셋째, '가족의 형태를 결정할 것'입니다.

이런 과정을 거치지 않고 법률혼을 했다가 이혼하거나 불행한 결혼생활로 고통받게 된다면 그 원인은 어디에 있을까요? 남자를 잘못 만나서도, 여자를 잘못 만나서도 아닙니다. 준비 과정 없이 결혼부터 해버린 나 자신 때문입니다.

이 정도면 결혼 상대자로
충분한 것 같아요

A 제가 어디서 또 이런 사람을 만나겠어요.

B 연애 시절 남편은 제가 하는 얘기를 다 수긍하는 스타일이
었어요. 뭘 먹고 싶다고 한 적도 없어요. 자기 의견이 없는
사람이었어요. 전 남친과는 매번 싸웠는데, 그래서 착한 사
람, 순한 사람이라고 생각했어요. 그런데 결혼 후에는 그런
게 너무 힘들었어요. 남편은 자기의 감정을 모르는 사람이었
고, 작은 거짓말도 많이 했어요. 제가 이런 점을 문제 삼으면
남편은 그냥 울어버렸어요.

C 저녁 먹고 나면 항상 저를 집까지 데려다줘서 바른 생활을

상대방이 어떤 사람인지 자세히 살피고 판단하는 과
정을 지인(知人)이라고 합니다. 인간은 관계를 맺지 않고는
살 수 없기 때문에 지인은 우리 인생의 모든 상황에서 끊
임없이 작용합니다. 사사로운 친구를 사귈 때는 물론이고
공적인 관계를 맺을 때도 마찬가지입니다.

결혼 배우자를 결정할 때 우리는 모든 통찰력을 동원
해 상대방의 됨됨이를 판단하려고 노력합니다. 평생의 반
려자를 선택하는 결혼은 인생의 그 어떤 결정보다 신중해
야 합니다. 지인은 이와 같이 중요하기 때문에 비단 오늘만
의 문제가 아니며, 고대의 현인들도 전심전력을 다해 지인
하는 방법을 연구해왔습니다.

조직생활을 해본 성인이라면 자기 나름대로 사람을
판단하는 기준이 하나쯤은 있습니다. 예를 들어 착한 사
람, 예의 바른 사람, 정직한 사람, 교우관계가 좋은 사람 등
그 기준은 매우 다양합니다. 착하고, 예의 바르고, 정직하
고, 교우관계가 좋은 것 모두 다 훌륭한 기준입니다. 그런
사람과 결혼한다면 무척 행복할 것입니다.

그렇다면 여러분은 상대방이 그런 기준을 갖추고 있는 사람인지 아닌지를 무엇으로 판단할 수 있을까요? 중요한 것은 '무엇으로 그 사람을 판단할 것인가'입니다.

이혼 상담을 할 때 상담자에게 결혼할 당시의 느낌과 판단 근거에 대해 질문을 하곤 합니다. 그렇게 질문과 답을 해나가다 보면 본인이 어떤 점을 잘못 생각하고 있었는지를 스스로 깨닫게 되기 때문입니다.

문제를 정확하게 인식하는 것은 이혼 후에 나를 세우는 데 큰 도움이 되기 때문에 고통스럽더라도 반드시 거쳐야 하는 과정입니다. 상담자들 가운데 결혼을 결정하면서 배우자에 대해 평가하지 않는 사람은 단 한 명도 없습니다. 저마다 배우자에 대한 스스로의 기준을 세우고 그 기준에 충족했다고 느껴지는 사람과 결혼을 결심합니다.

그런데 "그 사람이 왜 착하다고 생각했어요? 그렇게 판단한 근거가 무엇인가요?"라고 물으면, 많은 분들이 "그냥 느낌이 그랬어요", "착해 보였어요"라거나 앞의 사례들처럼 서로 무관한 단편적인 사실들을 늘어놓곤 합니다.

앞의 사례에서 B가 상대방을 '착한 사람, 순한 사람'이라고 판단한 이유는 '자기 의견이 없었기' 때문이고, C가 상대방을 '바른 사람'이라고 판단한 이유는 '저녁을 먹은 후 다른 활동 없이 항상 집에 데려다주었기' 때문입니다.

이런 이유들이 사람의 됨됨이를 평가할 수 있는 제대로 된 근거라고 생각하시나요? 우리는 너무 쉽게 논리적 비약을 합니다. 먼저 결론을 내놓고 그것에 맞는 근거를 찾느라 혈안이 되기도 합니다. 마치 배우자로 이미 결정해놓은 뒤 그와 결혼해야 하는 이유를 찾는 것처럼 말입니다.

A의 경우는 상태가 더 심각합니다. A는 자기 자신이 어떤 사람인지 전혀 모르고 있을 뿐만 아니라 자존감도 매우 낮기 때문에 상대방에 대한 별다른 조건도, 또 그 조건에 부합하는지도 살펴볼 의지가 거의 없습니다.

다시 강조하지만 중요한 것은 내가 세워놓은 배우자의 기준과 조건이 아니라, 배우자가 그 기준에 맞는 사람인지를 판단하는 근거가 무엇인가 하는 점입니다. 한 가지 예를 들어보겠습니다.

공자는 안평중을 '친구와의 교제를 잘한 사람'으로 평가했습니다. 공자가 그렇게 판단한 근거는 안평중은 오래된 친구 사이에도 한결같이 삼가고 조심했기 때문입니다.

여기에서 중요한 부분은 '안평중이 교제를 잘했다'가 아니라 '오랜 친구 사이에도 흐트러지거나 함부로 대하지 않고 늘 삼가고 조심하는 태도를 보였다'는 점입니다.

사람들은 조금 친해지면 버릇이 없어지고 함부로 대하기 십상인데 안평중은 그렇지 않았던 것입니다. 그것이 공자가 안평중을 '교제를 잘한 사람'으로 평가한 근거입니다.

그런데 우리는 판단의 근거를 면밀히 살피지 않고 막연한 느낌, 기대, 평판 등에 근거해 섣불리 사람을 평가해 버립니다. 그 이유는 판단의 근거를 면밀히 살피기란 어렵고 힘든 일이며 끊임없이 생각을 해야 하기 때문입니다. 그런데 우리는 자신의 생각을 스스로가 믿지 못하기 때문에 결국 생각을 포기하고 오로지 나의 기대와 희망 등으로 사람을 평가하는 우를 범하게 됩니다.

상대방을 평가하기 전에 반드시 선행되어야 하는 것은 상대방의 사사로운 말과 행동을 살피고, 그렇게 행동하는 이유를 관찰하며, 그것이 진심에서 우러나온 행동인지를 통찰하는 것입니다. 이것은 성기사(省其私)와 시·관·찰(視觀察)로 연결되는데 이에 대해서는 다음 '더 알아보기'에서 자세히 설명하겠습니다.

사람을 알아보는 잣대
성기사(省其私)와 시(視) → 관(觀) → 찰(察)

비단 결혼과 이혼뿐만 아니라 우리 삶은 관계로 이어져 있습니다. 우리는 관계 속에서 행복을 느낍니다. 그렇기 때문에 행복하기 위해서는 나 스스로가 좋은 사람이 되려는 노력과 동시에 좋은 사람을 내 곁에 두고자 끊임없이 애쓰는 자세가 필요합니다.

그런데 우리는 무엇으로 상대방이 좋은 사람인지 아닌지를 판단할 수 있을까요? 그 기준에 대해 공자는 명확하고 구체적인 방법을 제시합니다. 어느 날 공자는 안회와 함께 하루 종일 이야기를 나눈 뒤 그에 대해 이렇게 평합니다.

"안회는 내가 하는 말과 뜻을 어기는 바가 없으니 어리석은 것 같다." 그러나 안회의 사사로운 말과 행동을 세세하게 살핀 공자는 안회에 대해 새로운 사실을 알게 됩니다. "안회는 오히려 내가 말하고자 하는 바를 충분히 실천하고 있구나." 그리고 공자는 안회에 대한 자신의 평가를 바꿉니다. "안회는 결코 어리석지 않다."

子曰 吳與回言終日 不違如愚 退而 省其私 亦足以發 回也 不愚

자왈 오여회언종일 불위여우 퇴이 성기사 역족이발 회야 불우

이 일화는 '무엇으로 사람을 판단할 것인가?'라는 화두에 대해 많은 깨달음을 줍니다.

첫째, 공자가 사람을 판단할 때는 항상 그 근거가 있습니다. 처음 안회를 어리석다고 평가한 것은 안회가 공자의 말과 뜻을 어기지 않고 줄곧 '네, 네!' 하는 모습 때문이었습니다. 그러나 '성기사'라는 관찰 도구로 다시 살펴보니 안회는 일상의 말, 행동, 태도, 안색 등에서 그 어떤 제자보다도 공자의 가르침을 충분히 발현하고 있었고, 그렇기 때문에 안회가 어리석지 않다고 재평가한 것입니다.

둘째, 공자조차도 성기사라는 도구로 세세하게 관찰해야
만 비로소 상대방이 어떤 사람인지 알 수 있었습니다.

셋째, 자신의 잘못이 있으면 즉시 고치는 것을 꺼려하지
않는 태도입니다. 공자는 안회에 대한 자신의 평가가 잘못
되었다는 점을 조금도 주저하지 않고 인정했습니다. 공자
가 평생을 두고 가장 사랑한 수제자 안회를 얻을 수 있었
던 방법은 바로 성기사였습니다.

상대방의 사사로운 모습을 세세하게 살피는 것은 구체적
으로 어떻게 하는 것일까요? 공자는 다음과 같은 기준에
따라 상대방을 판단하면 아무리 희대의 사기꾼이라 하더
라도 절대로 자신을 숨길 수 없다고 단언합니다.

말과 행동을 살피고
그렇게 하는 이유를 관찰하며
진심에서 우러나와 그렇게 하는 것인지를 고찰하라.

視其所以, 시기소이
觀其所由, 관기소유
察其所安, 찰기소안

지인(知人)의 첫 단계는 겉으로 드러나는 상대방의 말과 행동, 태도, 낯빛, 습관 등을 눈에 보이는 그대로 살피는 것[視]입니다.

다음 단계는 그런 말과 행동을 하는 이유를 관찰(觀察)하는 것입니다. 관찰은 '주의하여 자세히 살펴보는 것'으로, 표면적으로 보는 것보다 한층 더 깊은 단계입니다.

마지막 단계는 상대방이 그런 말과 행동을 하는 것이 진심인지 고찰하는 것입니다. 고찰은 '깊이 생각하고 연구하는 것'으로 관찰보다 더욱 심화된 단계의 지인입니다.

사람들은 남이 있는 곳, 공적인 자리에서는 말과 행동을 함부로 하지 않고, 누군가에게 잘 보이고 싶을 때는 자신을 숨기고 꾸미기 마련입니다. 따라서 누군가가 좋은 말과 행동을 할 때면 곧이곧대로 받아들일 게 아니라 상대방이 자신을 꾸미고 있는 것은 아닌지, 정말로 즐거워서 그런 말과 행동을 하는 것인지를 세세하게 살피는 '찰(察)'이 반드시 필요합니다.

위와 같이 3단계를 거쳐 사람을 세세하게 살펴야만 비로소 상대방의 됨됨이를 판단할 수 있습니다. 여러분은 어떤 사람과 함께하고 싶은가요? 사람을 판단하는 기준은 가지고 있나요? 덕과 재를 겸비한 사람과 함께하고 싶다면 먼저 그런 사람을 판단할 수 있는 잣대를 세우십시오. 그리고 연습하십시오.

여러분과 지금 함께하고 있는 사람이 마음에 들지 않나요? 상대방에게 속았다고 생각하나요? 그 사람은 여러분이 각자의 기준으로 선택한 사람입니다. 지인을 할 때 가장 조심해야 할 것은 사사로운 욕심입니다. 상대방의 외적인 조건, 단편적인 상황에 혹하거나 욕심에 눈이 멀면 명명백백한 것도 보이지 않아 결국 제대로 된 평가를 할 수 없습니다. 사기를 당하는 메커니즘이 이와 같습니다.

지인은 공적인 것, 겉으로 드러나는 것, 큰 것에서 알 수 있는 것이 아니라 사적인 것, 겉으로 드러나지 않는 것, 작은 것에서 시작됩니다. 좋은 사람과 관계 맺기 위해서는 지인의 툴을 갖추는 것이 우선입니다.

평생 함께할 수 있는
사람을 찾았어요

내 말이라면 무엇이든 다 들어주는 이런 사람이라면 결혼해서 속 썩을 일은 없을 거라고 생각했어요.

결혼은 선택이지만 우리는 관계 속에서 더 큰 안정과 행복감을 느끼기 때문에 인생을 함께할 사람은 반드시 필요합니다.

성실함, 선량함, 용맹함, 결단성, 추진력, 융통성, 친화력, 유머감각 등의 여러 요소 가운데 여러분이 중요하게 생각하는 것은 무엇인가요? 여러분은 어떤 요소를 갖춘 사람과 평생을 함께하고 싶은가요?

어느 날 공자의 제자 중 용맹함이 뛰어난 자로가 공자에게 물었습니다. "스승님이 3군을 통솔하신다면 누구와 함께하시겠습니까?" 자로는 스승이 자신을 선택할 수밖에 없게 하려고 질문 자체를 '3군을 통솔하는 것'으로 제한했습니다. 3천 명이 넘는 공자의 제자 중 용맹함으로 따지자면 자로가 단연 최고였기 때문에 그는 자신만만하게 스승의 답변을 기다렸습니다. 이 질문을 받은 공자는 뜻밖에도 이렇게 대답합니다.

맨손으로 호랑이를 때려잡고, 맨몸으로 황하를 건너다가 죽게 생겨도 조금도 후회하지 않는 사람과 나는 함께할 수 없다. 일을 임할 때는 일을 망치지는 않을까 항상 조심하고 계획을 잘 세워 반드시 이뤄내는 사람과 나는 함께할 것이다.

暴虎憑河 死而無悔者 吳不與也 必也臨事而懼 好謀而成者也
포호빙하 사이무회자 오불여야 필야림사이구 호모이성자야

이 일화는 우리에게 두 가지 교훈을 줍니다. 첫 번째는 사람에 대한 평가입니다. 공자는 대놓고 자로를 '함께하는 사람을 비명횡사하게 만드는 사람'으로 혹평합니다. 공자가 자로를 이렇게 평가할 수 있었던 것은 관심법 때문이 아닙니다. 일상에서 세심하게 자로를 살피고 관찰한 결과입니다. 공자는 자로의 용맹함이 지나쳐 그 화가 자신뿐 아니라 주변 사람들에게까지 미칠 것을 알았던 것입니다.

그런데 자로는 누가 보아도 용맹한 사람의 대명사였습니다. 누구라도 자로의 질문에 '군사에 관한 일이라면, 용맹한 자로와 함께하는 것이 낫겠지', '자로라면 우리를 지켜줄 수 있을 거야'라고 생각하기 쉽습니다.

하지만 자로의 용맹함은 일이 되게 하는 것이 아니라, 그냥 혼자 미쳐 날뛰는 용맹함에 불과합니다. 그런 용맹함은 내 주변 사람을 다치게 하고, 결국 전쟁에서도 패배하는 결과를 만듭니다.

상담자는 내 말이라면 그 어떤 것도 거부하지 않고 다 들어주었던 남편의 바로 그 점 때문에 결혼생활에서 속을 썩게 될 가능성이 매우 큽니다. 속이 썩어 문드러질 지경이 되어서야 상담자는 비로소 자신이 그동안 맨손으로 호랑이를 때려잡았고, 맨몸으로 황하를 건너고 있었다는 사실을 깨닫습니다.

상담자의 남편은 왜 그녀의 말을 무조건 다 들어주었을까요? 그녀는 그것을 '나를 사랑하니까 그렇겠지'라고 마냥 좋아할 게 아니라 남편에게 분명히 물어보았어야 했습니다. 그리고 언젠가는 남편의 이런 태도가 바뀔 수 있다는 것을 짐작했어야 했습니다.

만일 나의 판단이 잘못되었는데도 남편이 내 말을 모두 들어주고 있다면 그것이 두 사람의 인생에 얼마나 무서운 결과를 낳을지를 생각했어야 했습니다. 상담자는 생각을 포기했고 결국 사람을 제대로 살피고 알아보는 '지인'을 하지 못한 것입니다.

두 번째 교훈은, 결국 우리 삶에서 함께해야 할 사람은 '일이 되게 하는 사람'이라는 것입니다. 우리는 살아가면서 여러 가지 일들을 마주하게 됩니다. 그때마다 여러분은 그 일을 반드시 이뤄내는 사람과 끝까지 함께해야 합니다. 일이 되게 하기 위해서 필요한 자세는 다음의 세 가지입니다.

일을 시작할 때는 신중하게 하고(愼始, 신시), 일을 끝낼 때는 삼가야 하며(敬終, 경종), 언제나 조심스럽게 매사를 묻는 것입니다(每事問, 매사문). 일의 시작부터 끝까지 삼가고 조심하며, 끊임없이 생각하고 적절한 질문을 할 수 있는 사람만이 사기꾼으로부터 내 인생을 지킬 수 있습니다. 여러분 스스로가 그렇게 하고 있는지, 옆에 있는 사람이 그런 사람인지 반드시 살피십시오.

내가 노력하면 되지 않을까요?

A 우리는 대화가 되지 않아요. 필요한 말만 합니다. 입에 칼을 물었습니다.

B 참 웃긴 것 같아요. 지금 생각하면 제가 뭐에 씌었었나 봐요. 옷을 하나 사도 이것저것 따져보고 친구들에게 물어보는데, 막상 결혼 조건에 대해서는 생각해본 적이 전혀 없어요.

여러분이 생각하는 배우자의 조건은 무엇입니까? 외모, 재력, 안정적인 직업, 성실함, 자상함, 착함 등 여러 가지가 있을 수 있습니다. 그 가운데 단 하나의 조건을 고르라면 여러분은 어떤 것을 꼽겠습니까?

결혼은 신중하게 하지 않으면 그 폐해가 이루 말할 수 없습니다. 인생 자체가 휘청거릴 수도 있다는 것을 모르지 않기에 누구나 결혼을 잘하고 싶어 합니다. 이 사람과 결혼해서 '불행할 거야', '이혼할 거야'라는 생각으로 결혼하는 사람은 단 한 명도 없습니다. 하지만 누군가는 살점이 떨어져 나가는 듯한 고통을 겪으면서도 이혼하지 못한 채 결혼생활을 유지하거나 또는 끝내 이혼하고 맙니다. 도대체 왜 그럴까요?

자신이 결혼생활에 최선을 다하지 않았다고 생각하는 사람은 아마 없을 것입니다. 그렇지만 설령 최선을 다하더라도 여러 가지 어려운 문제가 발생하는 것을 막을 수는 없습니다. 아무리 조건을 따져 결혼했어도 마찬가지입니다. 그것이 바로 우리 삶의 모습이기 때문입니다.

무슨 일이든지 일어날 수 있는 것이 인생입니다. 인생의 굴곡에서 내리막길과 마주한 순간이 왔을 때 부부는 그 어려움을 함께 극복해나가야 합니다. 그렇기 때문에 동반자라고 하는 것입니다.

중요한 것은 이 난국을 '어떻게 헤쳐나가느냐'입니다. 바로 '문제 해결 능력'입니다. 따라서 배우자를 선택할 때 반드시 체크해야 하는 유일무이한 조건은 바로 문제 해결 능력의 유무입니다. 이것은 외모, 재력, 안정적인 직업, 성실함, 자상함, 착함이라는 액세서리와 같은 조건들과는 판을 달리하는 본질적인 문제입니다.

그렇다면 어떻게 해야 상대방이 그런 능력을 가진 사람인지, 아닌지를 알 수 있을까요? 이를 알아볼 수 있는 두 가지 방법이 있습니다. 첫 번째는 매사문(每事問), 두 번째는 성기사(省其私)입니다.

공자는 예(禮), 특히 제사 예절에 대해 정통한 사람입니다. 당시의 제사는 국가 행사이자 의전으로 지금과는 그 의미가 다릅니다. 그런 공자가 주 문공을 모시는 사당의 책임자에게 제사의 절차와 의미에 대해 하나하나 물었습니다.

그러자 사당의 책임자가 "누가 공자를 예를 잘 아는 사람이라고 했는가? 태묘에 들어와서 이렇게 꼬치꼬치 물어볼 수 있단 말인가!"라며 화를 냅니다. 공자는 "그것이 바로 예다"라고 대답합니다.

子入大廟, 每事問. 或曰 "孰謂鄹人之子知禮乎? 入大廟, 每事問."

子聞之曰 "是禮也."

자입태묘, 매사문. 혹왈 "숙위추인지자지례호? 입태묘, 매사문."
자문지왈 "시례야."

여기서 첫 번째 예는 예절(例節, 에티켓)이고, 두 번째 예는 사리(事理, 일의 이치)를 말합니다. 공자가 매사를 물어본 것은 일을 하는 데 삼가고 조심하는 경사(敬事)하는 마음을 표현한 것이고, 그것이 바로 제사 절차에서의 사리에 맞는 행동인 것입니다.

배우자를 고를 때의 마땅한 자세는 바로 '문(問)'입니다. 우리는 묻는 행위를 통해 상대방이 문제 해결 능력이 있는지를 비로소 알 수 있습니다.

마음속에 상대방이나 어떤 상황에 대한 궁금증, 의혹이 있다면 반드시 물어보십시오. 무턱대고 좋은 의도로 해석하면 안 됩니다. '에이, 설마 그런 뜻은 아니겠지', '아니야, 내가 너무 예민하게 생각하는 걸 거야'라며 상대방의 행동을 무조건 좋은 뜻으로 해석하고 물어보는 것을 포기하는 우를 범해서는 안 됩니다.

질문을 한다는 것은 문제점이 무엇인지 정확히 안다는 의미입니다. 미성숙한 사람은 질문을 하지 못합니다. 여기서 성숙하다는 것은 물리적인 나이를 의미하는 게 결코 아닙니다. 아무것도 모르는 사람은 잘 물어볼 수 없습니다. 문제가 무엇인지 모르기 때문입니다. 감정적으로 이상한 느낌이 들어도 그것을 감정과 분리해 이성적인 질문으로 만들어내지 못합니다.

통찰이 없는 사람은 제대로 된 질문을 할 수 없습니다. 잘 질문한다는 것은 문제에 대한 대책을 만들어나갈 능력이 있다는 것을 의미합니다. 상황에 맞게 잘 질문하지 못한다면 착해서도 아니고 예의가 있어서도 아니며 그저 미숙한 것입니다. 미숙한 사람은 아직 결혼할 때가 아닙니다.

질문을 했다면 상대방의 반응을 관찰하십시오. 상대방의 사사로운 말과 행동을 세밀하게 살피는 것입니다. 이것이 바로 성기사입니다. 상대방이 내가 한 질문을 문제점으로 받아들이는지, 그냥 무시해버리고 마는지, 기분 나빠하는지, 명쾌하게 설명하는지, 회피하는지 등을 살피세요.

내가 제기한 문제에 대해 상대방은 문제라고 생각하지 않거나, 대책을 찾기 위한 후속 과정이 이루어지지 않는다면 그런 사람과 절대로 결혼하지 마세요.

여러분이 자주 하는 실수는 질문을 하지 않는다는 것

입니다. 질문을 하지 않고 '내가 잘하면 되지', '결혼할 사이인데 뭘 그런 걸 물어봐', '잘하겠지'라며 눈앞의 문제들을 회피합니다.

내가 잘한다는 것은 공통의 인식 위에 함께 노력할 때 가능한 문제 해결 방법입니다. 상대방은 자신에게 문제가 전혀 없다고 생각하거나 오히려 '네가 문제야'라는 생각을 갖고 있는데 도대체 무엇을 노력한다는 말입니까.

상대방의 문제를 인식하고 그것을 질문하는 과정이 귀찮다거나 어떻게 해야 할지 몰라서 회피해버린다면 작은 문제들이 눈덩이처럼 불어나 결국 감당할 수 없는 지경에 이르게 됩니다. 그때는 이혼하거나 나를 죽이고 사는 수밖에 없습니다. 그런 결말을 바라지 않는다면 지금이라도 묻고 살피는 성숙한 태도가 필요합니다.

제 이상형은 착한 사람이에요

착한 사람은 좋은 배우자가 아니다

A 착하고 남 잘 챙기고, 그것 때문에 저는 미쳐버릴 지경입니다.

B 남편은 어른들한테 잘하고 모든 사람들을 잘 챙기는 밝은 사람이에요. 심지어 본 적도 없는 동네 아줌마까지도 챙길 정도예요. 나랑 아이만 빼놓고요. 그래서 사람들이 다 좋아합니다.

C 이 사람이 착하지 않다는 걸 이제서야 알게 되었어요.

사람은 이기적입니다. 그런데 우리는 '이기적인 것은 나쁜 것'이라고 배워왔습니다. 우리는 어릴 때부터 좋은 것과 나쁜 것, 선과 악을 구분하는 것에 익숙해져 있습니다. 이기적인 것은 '나쁜 것'에 해당하니 해서는 안 됩니다. 반대로 '이타적'인 것은 좋은 것이니 그렇게 보이려고 노력합니다.

하지만 우리의 삶은 무 자르듯이 그렇게 선과 악으로 나눌 수 있는 게 아닙니다. 인간에게는 선과 악의 성질이 공존합니다. 우리는 어떤 때는 이기적이고 어떤 때는 이타적이며, 어떤 때는 게으르고 어떤 때는 부지런합니다.

이기적인 것은 결코 나쁜 게 아닙니다. 그것은 사람의 자연스러운 본성입니다. 이기적인 게 나쁜 것이라면 우리는 모두 나쁜 사람입니다. 모두가 나쁘다는 것은 결과적으로 모두가 나쁘지 않다는 것과 같습니다. 따라서 스스로가 이기적이라는 사실을 부정하지 말고 충분히 이기적으로 선택하세요.

우리는 일시적으로는 착한 척을 할 수 있습니다. 그 희생은 잠깐이기 때문입니다. 그런데 만일 지속적인 관계라면, 그래서 '착한 척'이 일상이 되어야 한다면 대개의 사람은 더 이상 그 희생의 무게를 감당하지 못합니다.

예를 들어 내가 고른 배우자가 빚이 많습니다. 그렇다면 여러분은 왜 그 빚을 지게 되었는지, 갚을 계획은 있는지를 세세하게 물어봐야 합니다. 이것이 바로 결혼의 필요조건인 문제 해결 능력과 매사문(每事問)입니다.

그런데 우리는 이런 중대한 순간에 착한 사람이 되고 맙니다. '그럴 만한 사정이 있으니까 빚을 졌겠지', '갚을 계획이 있겠지', '내가 뭐라고 하면 기분 나빠 할 거야', '결혼할 사람인데 뭐 어때', '이것 때문에 결혼을 안 한다고 하면 내가 너무 이기적이잖아.'

결혼 후 배우자가 빚을 갚지 않거나 계속해서 빚을 진다면 더 이상 여러분은 그 상황을 감당할 수 없습니다. 여러분이 지금이라도 이기적인 결단을 내리지 못한다면 여러분의 가족이나 자식들이 이 문제를 해결해야 합니다.

절대 착한 마음으로 결혼하면 안 됩니다. '착한 척'을 '사랑'과 착각하는 사람들이 있습니다. 중요한 것은 나의 인생입니다. 내가 무너지면 그때는 더 이상 착한 척을 할 수도 없습니다.

착하기 위해 했던 행동과 선택이 시간이 흘러 나조차도 감당할 수 없는 결과를 만들고, 그로 인해 내 주변의 많은 사람까지 피해를 보게 됩니다. 무책임하게 했던 나의 착한 척이 결국엔 나 자신은 물론 주변 사람들에게도 죄악이 됩니다.

그런데 사람들은 왜 남들이 보기에 착하다고 평가받는 선택을 할까요? 누군가가 착한 결정을 했다는 것은 생각하기를 포기했기 때문일 확률이 높습니다. 따지기가 싫은 것입니다.

시시비비를 가리는 것은 이 사회를 살아가는 데 굉장히 중요한 필수 능력입니다. 그러기 위해서는 끊임없이 생각해야 합니다. 허무맹랑한 생각이 아니라 사리에 맞게 생각할 줄 알아야 합니다. 사리에 맞게 생각한 후 선택을 한 사람만이 자신의 선택에 책임을 질 수 있습니다.

착한 결정을 하는 사람들 대부분은 선택을 할 때 이런 과정을 거치지 않습니다. 생각하고 싶지도 않고 또 사리에 맞게 생각할 줄도 모르는 상황에서 결정은 해야 하니 그냥 주변 사람들이 원하는 걸 선택하는 것입니다. 이런 사람들은 결과에 따른 책임을 회피하며, 이런 착함을 도선(徒善)이라고 합니다. 이들은 헛되이 착해서 결국 조용히 조직을 망칩니다.

공자는 "배우기만 하고 생각하기를 포기하면 사기를

당한다"라고 했습니다(學而不思則罔, 학이불사즉망). 착한 사
람은 사리에 맞게 생각하기를 포기한 사람입니다.

가족 중 누군가가 생각하기를 포기한다면 다른 가족
이 그 일을 맡아서 해야 합니다. 가족이 모두 착해서는 삶
을 영위할 수 없기 때문입니다. 누군가는 그 짐을 짊어져
야 합니다. 생각하기를 포기하고 그저 착하다는 평가를 받
기 위해 한 선택의 결과는 고스란히 다른 가족이 책임져
야 합니다.

부모는 부모다워야 하고 자식은 자식다워야 합니다.
부모가 착해서 시시비비를 가리지 않고, 아버지로서 해야
할 일과 어머니로서 해야 할 일을 하지 않으면 결국 자식
들이 그 역할과 책임을 다해야 합니다.

자신이 지켜내야 할 몫을 섣불리 희생하고, 생각을 회
피하면 그 배우자나 자식이 고통을 받게 됩니다. 죄악이라
고 밖에 말할 수 없습니다.

생각에 사리가 없는 착한 배우자는 여러분과 여러분
의 자녀를 고통스럽게 만듭니다. 여러분 스스로 착하다는
것에 매몰되지 마십시오. 착한 사람은 소중한 것을 지키지
못합니다.

시시비비를 가릴 줄 알고 진퇴의 때를 아는 강한 사람이 되십시오. 인생의 항해를 같이할 사람은 어떤 풍파에도 함께 바다를 가르고 나아갈 수 있는 강한 사람이어야 합니다. 여기서 강하다는 것은 성격이 강한 것이 아니라, 자신의 인생의 방향을 향해 한결같이 나아가는 사람을 의미합니다. 착한 사람이 아닌 강한 사람과 함께하십시오.

성격은 안 맞아도
조건이 괜찮아요

저랑 성격이 좀 안 맞기는 하지만 다 좋을 수는 없잖아요.

맞습니다. 다 좋을 수는 없습니다. 상대방이 모든 것을 완벽하게 갖추었을 거라는 기대는 해서는 안 됩니다. 공자 역시 "한 사람이 모든 것을 완벽하게 갖추고 있을 것을 바라지 말라"고 했습니다(無求備於一人, 무구비어일인). 만일 모든 것을 다 갖춘 사람이 있다면 그는 다름 아닌 사이비(似而非, 겉으로는 비슷하나 속은 근본적으로 아주 다른 것)입니다.

그렇다면 우리가 배우자를 선택할 때 모든 것을 포기한다 하더라도 반드시 체크해야 하는 것은 무엇일까요? 이는 우리 인생에서 가장 중요한 한 가지이기도 합니다. 그것은 바로 직(直)입니다.

공자는 "사람을 사람답게 해주는 것은 직이며, 직이 없는 삶은 요행히 죽음을 면한 것에 불과하다"고 했습니다(人之生也直 罔之生也幸而免, 인지생야직 망지생야행이면). 여기서 직은 '곧음'을 의미합니다.

그렇다면 우리는 누구에게 곧아야 할까요? 바로 나 자신입니다. 우리는 다른 사람이 아닌 자기 스스로에게 정직해야 합니다. 사람이 자기 자신에게 정직하지 않다면 그 사람은 요행히 죽음을 면했을 뿐이지 사람으로 살고 있는 것이 아닙니다. 이것은 조앤 치티스터(Joan Chittister)가 『모든 일에는 때가 있다』에서 말하는 "죽음은 삶보다 더 보편적이다. 우리는 모두 죽지만 모두가 사는 것은 아니다"라는 표현과도 일맥상통합니다.

모든 사람이 '지금 이 순간을 주체적으로 살고 있는 것'은 아닙니다. 어떤 사람은 죽지 못해 살 뿐이고, 어떤 사람은 그냥 삽니다. 사람이 사람으로서 사는 것이 아닌 순간, 그 사람은 못할 짓이 없습니다. 이런 사람은 무소불위(無所不爲)입니다.

자기 자신에게 정직하지 않은 사람은 남이 볼 때와 보지 않을 때의 행동이 천양지차이고, 주변의 평판과 시선에 크게 신경을 쓰며, 사람으로서 부끄러움이 없어 언제나 당당합니다.

아무리 좋은 직업, 경제적 부유함, 멋진 외모, 유창한 말솜씨 등 좋은 조건으로 포장하고 있다 하더라도 스스로에게 직하지 않은 사람은 반드시 피해야 합니다. 한 사람이 모든 것을 갖출 수는 없지만 '자신에게 정직한 것'은 모든 조건이 바로 설 수 있는 기본 바탕이기 때문입니다. 이것이 없는 사람은 결국 아무것도 없는 사람과 같습니다.

자기 자신에게 정직하지 않은 사람이 갖고 있는 외부적인 조건은 그것이 아무리 훌륭한 것이라 하더라도 순식간에 사라지기 십상입니다. 아니면 그 사람의 정직하지 않다는 단점이 너무 커서 다른 조건들이 더 이상 나에게 큰 의미로 와닿지 않게 됩니다. 어느 경우든 이때의 외부적인 조건은 신기루와 같은 것입니다.

결국 배우자를 보는 가장 중요한 요소는 '삶에 대한 태도'에서 나오는 것이지, 외적인 조건에서 나오는 것이 아닙니다. 삶에 대한 태도가 정직한 사람은 남이 보건 보지 않건 한결같음을 유지하고, 사람으로서 잘못한 일이 있으면 부끄러워할 줄 압니다. 또 그렇기 때문에 그릇된 점을 고칠 수 있고, 다시는 같은 잘못을 하지 않으려 부단히 노력합니다.

상대방이 가지고 있는 현란한 외적 조건에만 집중한 나머지 정작 가장 중요한 요소가 빠져 있는 사람인데도 '모든 게 완벽한 사람은 없잖아'라고 스스로를 합리화하고 있지는 않은가요? 그 빠져 있는 한 가지가 여러분의 선택을 후회하게 만들 수도 있습니다.

어려움이 와도
잘 이겨낼 자신 있어요

인생의 흐름에서 내가 어디에 있는지를 파악하라

A 그때는 자기보다 내가 조건이 낮다고 생각했겠죠.

B 불완전하고 피해의식도 많고 자존감도 낮은 남편의 성격을 알고 있었지만, 살면서 고칠 수 있을 거라 생각하고 노력했어요. 그때는 젊기도 했고 인생을 얼마 살아보지 않아서 자만했어요. 하지만 저는 남편을 고칠 수 없었어요.

C 결혼 초기에는 서로 코드가 비슷하다고 생각했는데 3년 이상 살면서 많은 일을 겪다 보니 세상을 보는 눈, 삶의 방향, 식습관, 유머 코드 등 제 자신이 많이 바뀌었어요. 그 뒤로 서로 대화를 하면 뭔가 단절되고 안 통하는 느낌이 들기 시작했어요.

인생은 흐름입니다. 올라가면 반드시 내려오게 되어 있습니다. 하지만 내려왔다고 해서 모든 사람이 다시 또 올라갈 수 있는 것은 아닙니다. 여기에서 성공과 실패가 판가름 납니다.

결혼 당시 여러분은 열정이 가득하고 에너지가 충만할 수 있습니다. 물론 그 반대여서 삶이 너무 힘들고 의욕도 없고 자신감이 제로인 상태일 수도 있습니다. 결혼 당시 여러분이 어느 위치, 어떤 상황에 있건 명심해야 할 것은 영원히 그 상태에 머물러 있지 않을 것이라는 점입니다.

운명의 세 여신이 '수레바퀴'를 돌리는 그림이 있습니다. 운명의 수레바퀴는 우리의 인생을 표현합니다. 결혼할 당시 누군가는 정상에서 가부좌를 하고 있는 왕일 수도 있고, 누군가는 밑에 매달려 떨어지지 않으려고 안간힘을 쓰는 거지일 수도 있습니다.

아마도 A와 B는 모두 결혼할 당시 최정상에 있었을 것입니다. 이런 경우 보통은 자기 자신밖에 보이지 않습니다. 아무런 근거도 없이 '나는 할 수 있어', '이 정도로 노력하는데 안 될 일이 뭐가 있어'라며 자만에 빠져 있습니다. 이런 상태에서는 상대방이 보이지 않습니다. 나와 함께 인생을 항해할 수 있는 사람인지 제대로 평가할 수 없습니다.

왜냐하면 나의 에너지만으로도 충분하기 때문입니다. 하지만 그랬던 사람도 시간이 흐르면 언젠가 인생의 밑바닥으로 떨어지는 순간이 찾아옵니다. 모든 에너지는 고갈되고 더 이상 삶을 헤쳐 나갈 수 없는 지경에 이릅니다. 심각하게 아플 수도 있습니다.

그때서야 나와 가장 가까이에 있는 배우자를 보게 됩니다. 하지만 내가 선택한 배우자는 자신의 삶 하나 건사하기 힘든 사람입니다. 나는 '어떻게 이런 사람과 결혼을 했을까'라며 절망에 빠집니다. 하지만 그 사람은 원래부터 그런 사람이었습니다. 그저 내가 너무 잘 나가서 관심이 없었을 뿐입니다.

C는 결혼할 당시 인생의 흐름에서 저점에 있었던 것으로 보입니다. 자신감이 없고 위축된 상황에서 상대방을 보았을 때 모든 것이 좋게만 보였을 것입니다. 내 삶이 휘청거리는 상황에서는 그저 멀쩡하게 살아가는 사람만 봐도 필요 이상으로 과대평가할 가능성이 매우 큽니다. 이런 경우 나는 외로움, 자신감, 안정감 등 나의 결핍을 메우기 위해 결혼을 선택합니다.

하지만 시간이 흐르고 그렇게 비참해 보였던 나의 인생도 어느 순간 최정상을 맞이하는 순간이 찾아옵니다. 내가 성장한 것입니다. 세상을 보는 관점도 바뀌고 삶에 대한 태도도 바뀌었습니다. 그때서야 상대방이 제대로 보이기 시작합니다. 나는 '어떻게 이런 사람과 결혼할 수 있었을까'라며 후회와 원망에 휩싸입니다.

우리의 인생은 에너지의 흐름과 같아서 부침이 있습니다. 인생의 어느 지점에 서 있느냐에 따라 중요하게 여기는 조건도 제각각입니다. 내가 배우자를 선택할 당시 가장 중요하게 여겼던 그 조건이 인생의 수레바퀴와 맞물려 언젠가는 쓸모없게 느껴질 때가 찾아옵니다. 내가 계산을 잘못했거나 상대방을 또는 나를 과대평가한 이유로 실망의 수렁에 빠지는 순간이 오면 더 이상 결혼생활을 유지할 원동력이 나오지 않게 됩니다.

배우자를 선택할 때는 여러분이 지금 인생의 어느 지점에 서 있는지를 먼저 파악하셔야 합니다. 자기객관화가 이루어지면 상대방이나 상황을 무조건 과대평가하거나 과소평가하는 실수를 최대한 줄일 수 있습니다. 그리하여 인생의 그 어떤 상황과 마주하더라도, 조건이 아무리 달라지더라도 인생의 긴 여정을 함께 헤쳐 나갈 수 있는 동지를 찾으십시오.

돈은 없지만 둘 다 젊으니까
어떻게든 되겠죠

A 나는 뭐든지 잘할 수 있을 거라고 생각했어요.

B 아주 가난하지만 않으면 경제적인 문제는 그다지 중요한 게 아니라고 생각했어요.

C 둘이 벌면 금방 모을 수 있겠다는 생각으로 시작했습니다.

D 상대방에 대해 확실하게 아는 것이 아무것도 없었어요.

E 시아버지께서 공무원 퇴직 예정이라 경제 상황은 괜찮을 거라 짐작했어요.

이혼할 때는 변호사를 찾아도 결혼할 때 변호사를 찾는 사람은 거의 없습니다. 하지만 결혼과 이혼 모두 계약이며, 두 사람을 법적으로 구속합니다. 이혼의 본질은 청산이고 그 핵심은 재산 분할입니다.

이혼을 생각하는 사람은 이혼 후의 삶에 대한 현실적인 문제를 매우 구체적으로 고민합니다. '이혼 후 내가 얼마의 돈을 재산 분할로 받을 수 있을까?' 너무나도 당연하게 돈이 있어야만 이혼 후의 삶을 살아갈 수 있기 때문입니다. 돈이 없으면 현실적으로 이혼을 결심하기 어렵습니다.

그렇다면 결혼은 어떨까요? 결혼을 신중하게 하기 위한 여러 가지 기준 중 경제적인 부분에 대해서 우리는 얼마나 꼼꼼하게 따져볼까요?

혼인은 육체적·정신적 결합을 목표로 하는 신분상의 계약이고, 그 계약 기간은 종신입니다. 혼인 계약을 해지하는 방법은 이혼과 사망 두 가지뿐이며, 혼인이 해지되어도 원상회복은 불가능합니다.

그런데 결혼을 하면서 이혼할 때와 같은 정도로 경제적인 문제에 대해 고민하는 사람은 거의 없습니다. A, B, C와 같이 매우 막연하게 또는 근거도 없이 무조건 긍정적으로 생각하거나, D처럼 아예 아무런 생각이 없거나, E처럼 상대방의 경제력을 오인하는 경우가 대부분입니다.

결혼할 때 나와 상대방의 경제력은 중요할까요? 이 질문에 아니라고 대답할 사람은 없을 것입니다. 공자는 "곤궁한 생활 속에서는 누구나 그로 인한 근심을 감당하지 못한다"고 했습니다.

一箪食 一瓢饮 在陋巷 人不堪其忧

일단사 일표음 재누항 인불감기우

결혼을 하려면 일단 내가 먼저 경제적인 능력이 있어야 합니다. 자본주의 사회에서 경제적으로 자립하지 못하면 독립된 인간이 되기 어렵습니다. 내가 독립된 인간이 되지 못한다는 것은 부부관계에서도 대등한 관계를 이루지 못할 가능성이 큽니다. 또한 상대방의 경제력 또한 잘 알고 있어야 합니다.

경제력에는 자산과 현재의 능력 등이 모두 포함됩니다. 돈이 있어야만 결혼할 수 있다는 말이 아닙니다. 결혼은 두 사람의 결합인데 여기에는 경제 상황도 포함됩니다. 서로의 적극재산과 소극재산에 대한 명확한 정보 없이 두 사람의 공동생활에 대한 경제 규모를 가늠할 수 없습니다.

최소한 두 사람이 결합함으로써 가정의 경제 규모가 어느 정도 되는지를 정확히 수치로 알아야 합니다.

상담을 하다 보면 부부 중 한쪽이 자신의 부채를 속이고 결혼해 신혼 초부터 분란이 일어난 경우가 종종 있습니다. 이런 경우 대개는 한쪽 부모님이 그 부채를 갚아줍니다. 그러면 문제가 해결된 걸까요?

전혀 그렇지 않습니다. 이미 자신의 경제 규모에 맞지 않는 생활을 해서 빚을 지고, 그것을 갚을 대책도 없으며, 무엇보다도 그 사실 자체를 숨긴 사람은 천하에 쓸모없는 재목입니다.

공자는 "썩은 나무는 조각할 수 없다"고 분명히 못을 박았습니다(朽木不可雕也, 후목불가조야). 그 사람은 앞으로도 그렇게 무분별하게 생활할 확률이 매우 높습니다. 그리고 그 뒤치다꺼리는 온전히 배우자의 몫입니다.

내가 노력한다고 해서 나아질 수 있는 문제가 아닙니다. 내가 아무리 돈을 많이 번다고 해도 그 문제는 해결할 수 없습니다. 해결할 수 없는 문제를 가진 사람은 곁에 두는 게 아닙니다. 썩은 나무를 조각하면서 여러분의 인생을 낭비하지 마십시오.

결혼할 때 반드시 묻고 확인해야 하는 것 중 하나가 서로의 재산관계를 명확히 하는 것입니다. 그러기 위해 필요하다면 함께 변호사의 상담을 받아도 좋습니다. 결혼 전에 부부는 민법의 규율이 배제되는 '부부재산약정'을 할 수 있습니다.

돈 이야기를 꺼내는 것이 불편한가요? 돈 이야기는 행복한 결혼생활을 위해 반드시 필요한 절차입니다. 이혼 사유는 결혼할 때부터 이미 존재했습니다. 원래 그런 사람이 었는데 내가 그것을 확인하지 않았을 뿐입니다. 알고도 문제를 만들기 싫어 이를 회피했을 뿐입니다.

재산관계를 밝히기 꺼려하거나 화를 낸다면 그 사람과 결혼하지 마십시오. 그것이 결혼 후에 전혀 몰랐던 과다한 부채가 드러나거나, 무분별한 소비로 인해 내 인생이 고통받는 것을 막을 수 있는 유일한 방법입니다.

적극 도와줄 테니 결혼해도
내 일을 하랬어요

달콤한 말 한마디에 인생을 걸지 마라

A 선 시장에는 다 자기를 서포트해주길 바라는 사람들만 가득한데, 이 사람은 결혼하고 나서도 제 일을 계속 해도 된다고 말하더라고요. 다른 남자와 달라 보이는 그 말에 결혼을 결정했습니다.

B 저는 커리어 우먼으로서 욕심도 있고, 결혼하고 나서도 경력을 포기하고 싶지 않아요. 남자친구도 저의 이런 성향을 잘 알고 있고, 오히려 그런 점 때문에 제가 더 좋다면서 자기가 잘 서포트해주겠다고 했어요. 사실 남자친구와 저는 여러 가지 조건이 잘 안 맞지만 그래도 제 생각을 많이 이해하고 앞으로 함께 성장해나가자고 하니까, 그런 점에 있어서만

큼은 흔들림이 없어 보여서 그 사람과 결혼을 결정하게 되었습니다.

요즘은 시대가 많이 바뀌어 여성이 결혼을 해도 일을 그만두는 경우는 많지 않습니다. 경기는 언제나 좋지 않아 안정적인 가정경제를 위해서라면 남성들 스스로도 일하는 아내를 원합니다.

정부에서는 이런 현상을 반영해 '일과 가정의 양립'을 슬로건으로 내세웠습니다. 부부가 각자 직업을 가지고 자아실현을 하며 아이를 양육하는 이상적인 가정의 모습이 새로운 사회적 가치로 정립되었습니다.

물론 이런 정책으로 인해 수혜를 보는 일부 사람들이 있기는 합니다. 하지만 이런 특전을 누리는 일부의 선택받은 사람들이 아닌 대부분의 가정은 어떨까요?

저는 14년간 조직생활을 하면서 수많은 부부들의 육아 환경을 가까이서 보았습니다. 그 결과 일과 가정의 양립은 불가능하다는 결론을 내렸습니다. 맞벌이 부부는 구조적으로 일과 가정 모두에서 완벽하기 어렵습니다.

그리고 전통적으로 그래왔던 것처럼 여전히 가정은 여성에게 많은 임무를 부여하고 희생을 강요합니다. 그 역할을 잘 수행해내지 못하면 '나쁜 엄마', '이기적인 엄마'라는 프레임을 씌워버립니다. 어릴 때부터 이런 역할에 길들여진 여성들은 아이를 친정이나 시댁 또는 어린이집에 맡길 수밖에 없는 양육 환경임에도 매순간 죄책감에 시달리며 전전긍긍합니다.

거기에 더 이상 자아실현은 없으며 모든 것이 호구지책으로 바뀝니다. 물론 남성에게도 사회적으로 요구되는 역할이 있습니다. 전통적인 형태의 가정은 남편도 힘들게 하고 아내도 힘들게 합니다.

사례에서처럼 우리는 종종 '여자의 사회 경력을 서포트해주겠다', '외조해주겠다', '결혼해서도 하고 싶은 일을 해라'라고 말하는 멋진 남자들의 이야기를 듣습니다. 그리고 A와 B처럼 그 말 한마디, 마음 씀씀이 하나 때문에 다른 여러 조건이 맞지 않는데도 결혼을 결정하는 경우를 봅니다. 그만큼 전통적인 형태의 가정에서 요구하는 아내와 엄마의 역할을 충실히 해내면서 일에서도 성과를 낸다는 것은 어려운 일이기 때문입니다.

그렇다면 A와 B의 남편들은 자신이 결혼 전에 호언장담했던 그 말들을 지켜냈을까요? 그것은 A와 B가 상대방과 결혼을 선택한 유일한 조건이었습니다. 만일 그 약속이 지켜지지 않는다면 A와 B는 자신의 소중한 인생을 사기당한 느낌이 들지 않을까요?

불행히도 A와 B의 남편들은 모두 자신이 한 약속을 지키기 못했습니다. 왜냐하면 그들은 자신들이 한 약속이 우리 사회에서 어느 정도로 의미 있는 일인지, 또 어느 정도의 각오가 필요한 일인지를 전혀 몰랐기 때문입니다.

결혼한 여성이 자기 일을 하려면 우선 가정이 여성에게 요구하는 많은 역할의 일정 부분을 남편이 대신 해주어야 합니다. 하지만 A의 남편은 천성이 게으르고 자신의 주변조차 정리가 안 되는 사람이었습니다. 그래도 아이가 태어나기 전까지는 그럭저럭 꿈을 꿀 수 있습니다.

아이가 태어나자 주변에서는 '아이가 세 살이 될 때까지는 엄마가 애를 봐야 한다'거나 '어릴 때 엄마와 아이의 유대와 애착이 평생을 간다'거나 심지어 '다른 여자들은 일하면서 애도 키우고 집안일도 잘한다'는 등 다양한 말로 부부를 공격하기 시작했습니다.

결혼할 때 약속했던 것처럼 남편은 아내의 커리어를 위해 부모님과 친척들의 말을 일축해버렸지만 그것도 하루 이틀이지 삶이 너무 힘들고 버겁습니다. 감당하지 못할 약속을 해버린 것입니다.

이때 남편의 반응은 대개 두 가지입니다. 더 이상 감당하지 못하고 폭발하거나, 아니면 이러지도 저러지도 못하고 버티면서 주변 사람들에게 온갖 짜증과 화를 쏟아냅니다.

'저 사람이라면 그렇게 해줄 수 있을 줄 알았어요.' 이런 지극히 주관적인 믿음으로 배우자를 결정해서는 안 됩니다. 상대방이 전통적인 가정에서 요구하는 기혼녀의 역할에서 벗어나게 해주겠다는 지극히 지키기 어려운 약속을 했다면 여러분은 그 말을 듣고 마냥 좋아할 게 아니라, 우선 상대방이 그 말을 지켜낼 만한 깜냥이 되는 사람인지를 살펴야 합니다.

예를 들어 남편이 아내의 커리어를 분석하고 어떻게 해야 성장할 수 있는지를 검토한 뒤 그것에 맞춰 자기의 계획을 세우고, 아이의 출산과 양육 또한 생기는 대로 낳아 기르는 게 아니라 협의하에 분명하게 계획을 세우는 등의 행동이 뒤따르는지를 봐야 합니다.

그런 준비와 행동 없이 A와 B의 남편들처럼 그저 아내가 하고 싶어 하는 대로 내버려두는 것은 무책임한 방관이지 절대 외조가 아닙니다.

남자친구가 의미도 모르고 그냥 한 말에 대단한 의미를 부여한 A와 B. 그녀들은 그 말만을 믿고 상대방이 가진 나쁜 조건까지 모두 떠안은 채 결혼을 결정했습니다. 이 일생일대의 실수로 인해 인생은 원치 않는 방향으로 흘러갔습니다. 달콤한 한마디 말에 사로잡혀 결혼을 결정한다면 여러분의 인생도 그럴 수 있습니다. 말을 믿지 말고 사람을 살펴야 합니다.

혼수, 예단 결혼 준비만
잘 넘기면 괜찮지 않을까요?

A 한 번이라고 생각하고 시어머니 뜻대로 따라주었던 게 후회
됩니다.

B 무릎 꿇고 사과하겠다고 해서 용서해줬어요. 기분은 더러웠
지만 괜히 문제를 더 크게 일으킬 것 같아서….

C 폭력적인 시댁, 어느 순간부터 이게 아니라는 생각이 들었지
만 결혼해서 둘이 살면 괜찮을 줄 알았어요.

우리나라에서 결혼은 두 집안의 결합입니다. 대한민국의 독립적인 성인 남녀들은 결혼만 하고 나면 하나같이 효녀, 효자가 되고 그렇게 자기 부모님과 자기 집안을 챙기기 시작합니다. 사회적 학습과 유구한 전통 때문일 수 있지만 아무튼 우리가 살고 있는 무대 환경은 그렇습니다.

이 조건은 쉽사리 바뀌지 않습니다. 아무리 두 사람이 합의했다 하더라도 이런 전통적인 가정의 모습에서 벗어나 살기는 어렵습니다.

그런 전통의 힘을 우습게 보고 호기롭게 '나는 안 그래!'라고 장담하는 사람들은 아마도 뼛속 깊이 새겨진 유전자의 힘을 한 번도 경험해보지 않았을 가능성이 큽니다. 가족들의 저항에 직면하는 것만큼 힘든 일은 없습니다.

주어진 조건이 이렇다면 우리는 이제 결혼을 결정할 때 배우자뿐만 아니라 배우자의 부모와 그 가족들까지 살펴야 합니다. 그렇다면 결혼 준비 절차는 시집과 처가 가족들의 됨됨이를 알아보기에 아주 좋은 기회입니다.

명심할 것은 결혼 준비 절차는 결혼을 위해 거쳐야 하는 통과 의례가 아니라는 점입니다. 아직 결혼은 물론 아무것도 결정되지 않았습니다.

보통 결혼 준비는 상견례로부터 시작됩니다. 이때가 되

어서야 비로소 양쪽 집안의 가족들이 모습을 드러냅니다. 상대방과 결혼을 해도 되는지를 결정하는 가장 중요한 순간이 온 것입니다.

상대방의 말과 행동이 자기 가족들과 함께 있을 때 달라지지는 않는지, 연애하면서 나누었던 결혼생활에 대한 합의가 상대방 부모에게도 잘 전달되어 있는지, 상대방 가족들은 사리 분별이 있는 사람들인지, 무례하지는 않은지, 정직한지 등입니다.

이때 주의할 것은 결혼 상대방에 대한 됨됨이를 알아보는 일도 계속되어야 한다는 점입니다. 상견례를 마쳤기 때문에, 약혼을 했기 때문에, 청첩장을 돌렸기 때문에 상대방과 그 가족들의 결함을 알게 되었는데도 무조건 결혼을 강행해야 하는 것은 아닙니다.

A는 무교입니다. 남자친구는 독실한 기독교 집안입니다. A는 평소 남자친구와 결혼생활에 대한 많은 이야기를 나누었고 결혼식 절차 등에 대해서도 이미 상의를 모두 마친 상태였습니다.

그 뒤로 어느 날 남자친구는 결혼식을 교회에서 하지는 않더라도 주례는 담임목사님이 하는 게 좋겠다는 자기 엄마의 뜻을 그대로 A에게 전했습니다. A는 무척 기분이

나빴습니다. 이미 합의한 사항을 깨고 자기 엄마의 말을 그대로 전하는 남자친구를 이해하기 어려웠습니다.

하지만 주변 사람들에게 이미 청첩장을 돌린 A는 '그래, 결혼식은 한 번 하면 끝이니까, 괜히 기분 나쁘게 하지 말고 그렇게 해주자'라고 생각했고, 결국 생면부지의 목사님이 주례를 서게 되었습니다. 목사님이 주례를 서는 일이 종교가 다른 A에게는 양보였지만 남자친구와 그 가족들에게는 당연한 일이었다는 사실은 불행한 결혼생활의 또 다른 불씨가 됩니다.

A의 생각처럼 결혼식이 인생에서 한 번밖에 없는 이벤트인 건 맞습니다. 다시 할 일이 없으니 한쪽이 원하는 대로 해줄 수도 있습니다. 하지만 그렇게 결정하고 자신의 주장을 관철시키는 시어머니와 남자친구의 의사 결정 과정은 앞으로 결혼생활을 하면서 발생할 대소사에서 그대로 작동하게 됩니다.

이 사례에서 가장 큰 문제는 A의 남자친구입니다. 남자친구는 A와의 합의 사항을 깨고, 그에 대한 아무런 양해도 없이, 자기 어머니의 말이라며 토씨 하나 빼지 않고 그대로 전했습니다.

이는 결국 남자친구 스스로도 그렇게 하기를 원한다

는 뜻입니다. 남자친구는 A와 대등한 입장에서 합의한 사항을 깨기 위해 제3자인 어머니를 끌어들여 전면에 내세우고는 자기는 그 뒤에 숨었습니다. 이런 사람은 대화 능력은 물론 문제 해결 능력이 아예 없는 사람입니다. A의 결혼생활이 순탄치 않으리라는 것은 예견된 일이었습니다.

C는 시집의 문제점을 이미 결혼 전에 인지했습니다. 하지만 그녀는 '결혼하면 1년에 몇 번 보지 않을 사람들이고 둘이만 살면 괜찮겠지'라는 안일한 생각으로 결혼을 강행했습니다.

물론 그녀의 생각대로 시집 사람들을 1년에 몇 번밖에 보지 않을 수도 있습니다. 하지만 그녀는 우리나라에서 결혼이라는 제도로 만들어진 가족은 겉으로 드러나는 물리적인 만남 외에도 내적으로 끈끈하게 연결되어 있다는 사실을 간과했습니다.

결혼한 남녀에게 요구되는 전통적인 남편상과 며느리상은 우리가 생각하는 것보다 훨씬 강력해서 섣불리 무시할 수 없습니다. 그나마 결혼 준비를 하는 동안은 시기적으로 아직 서로 어려운 사이이기 때문에 각자의 본심을 최대한 숨기고 최고의 예의를 표합니다.

그럼에도 불구하고 이때부터 거짓말을 하고, 사리에

맞지 않는 행동을 일삼고, 일방적인 요구를 하고, 거리낌 없이 이야기하는 등의 태도가 부당하게 느껴진다면 망설이지 말고 결혼 준비 절차를 중지시키십시오.

결혼 준비 절차는 결혼하면 다시는 할 일이 없는 한 번뿐인 과정인 건 맞습니다. 하지만 우리가 살펴야 할 것은 그 절차에서 드러나는 사람들의 됨됨이입니다. 지금은 그저 혼수와 예단을 준비하는 모습으로만 비춰질 것입니다.

하지만 여러분은 예단을 준비하는 과정에서 드러나는 상대방과 그 가족의 문제를 대하는 태도, 가족 내의 역학 관계, 의사 결정 과정, 생활방식 등을 결혼생활 내내 다양한 형태로 마주하게 될 것입니다. 분명히 이혼 사유는 결혼할 때부터 이미 존재하고 있었습니다. 여러분은 그것을 보고도 눈을 질끈 감았을 뿐입니다.

너 우리 집 돈 보고 결혼했잖아

A 시부모님들 간섭이 심하긴 했지만 그래도 돈 걱정은 안 해도 되니까 그다지 나쁘게 생각하진 않았어요.

B 시부모님들이 너무 멋있어 보였어요. 그래서 그 가족의 일부가 되고 싶었죠. 하지만 저는 절대로 그 집의 가족이 될 수 없다는 걸 깨달았어요.

C 장인, 장모님은 실제로 도움을 주지도 않으면서 항상 저를 색안경 끼고 보세요. 우리 가족 모두 제가 먹여 살리는데도 항상 "너 우리 집 돈 보고 결혼했잖아!"라는 사실을 전제로 사위를 대하는 장모님 때문에 부부싸움의 원인이 됩니다.

유독 결혼과 이혼에만 돈 문제가 두드러지는 게 아니라 원래 돈이 없으면 힘든 게 삶입니다. 그 옛날의 공자 역시 경제관념이 확고했습니다. 공자는 "부유하고 귀한 것은 사람이라면 누구나 욕망하고, 가난하고 천한 것은 사람이라면 누구나 싫어한다"고 했습니다.

富與貴是人之所欲也 貧與賤是人之所惡也

부여귀시인지소욕야 빈여천시인지소오야

결혼을 하면서 나와 상대방의 경제적인 능력을 체크하는 것은 무엇보다도 중요하고 당연한 일입니다. 가난하면 착하고, 부유하면 사악한 것이 결코 아닙니다. 가난하게 살기 위해 결혼하는 사람은 없습니다.

결혼하면서 경제적인 조건을 따지는 것을 두고 속물이니, 사랑이 없다느니 하며 매도하는 주변 사람은 멀리하십시오. 그리고 경제적인 문제를 회피하거나 명확하게 답변하지 않는 사람과도 결혼하지 마십시오. 물론 여기에는 나의 경제관념과 조건도 해당됩니다.

저는 사법연수원에 입소하면서 말로만 듣던 선 시장을 경험했습니다. 어떻게 개인정보를 알아냈는지 각종 결혼

정보 회사와 중매업자들에게서 전화가 걸려옵니다. 저희 어머니도 그런 전화를 받았습니다. 여기서 고려되는 조건은 법조인이라는 전문직과 재력입니다.

부잣집에 비싼 값에 팔려간 친구들의 이야기가 들려오고 고시 뒷바라지를 한 여자친구가 연수원 후문에서 피켓 시위를 합니다. 그야말로 욕망이 뒤얽힌 결혼 시장의 적나라한 모습입니다. 물론 다른 조건이 고려되는 경우도 있습니다. 예를 들면 젊음과 아름다움입니다. 하지만 이런 경우에도 다른 쪽의 조건은 재력입니다.

이런 현상을 두고 혼인과 재테크를 결합해 '혼테크'라고 합니다. 자, 이런 혼테크를 하면 어떻게 될까요? 돈 걱정은 하지 않아도 되니 행복할까요?

A와 B는 부잣집으로 시집을 갔습니다. 하지만 그것은 남편의 능력이 아니라 절대적으로 시집의 재력이었습니다. A는 시부모의 간섭이 심해도 시집이 가정 경제력의 기반이었기 때문에 참고 넘어갔습니다. B는 재력가이고 품위 있는 시부모 덕에 윤택하게 살았습니다. 하지만 A와 B의 가정은 점점 시집에 종속되어 갔고 자녀의 육아마저 자유롭게 의사 결정을 할 수 없는 지경이 되었습니다.

능력 있는 전문직 종사자인 C는 부잣집에 장가를 갔습니다. 물론 C가 아내와 결혼한 첫째 이유는 아내의 크게 모나지 않은 성심이 마음에 들어서였지만 집이 부유하다는 것 또한 상당한 고려 사항이었습니다. 그런데 처갓집 식구들은 C를 상대로 대놓고 '우리 집 돈 보고 결혼한 사위' 취급을 했습니다. 착한 아내도 부부 사이에 불화가 생기면 시시비비를 가리려 하기보다 무조건 돈으로 C를 달래기에 급급했습니다. C는 이 상황에 점점 지쳐갑니다.

부잣집으로 시집이나 장가를 가더라도 그 돈은 여러분의 것이 아닙니다. 여러분은 그 돈을 받기 위해 수고를 해야만 합니다. 마땅한 대가를 치러야 한다는 뜻입니다. 공자는 "부자가 될 수 있다면 다른 사람의 마부가 되어 말채찍이라도 잡는 수고를 기꺼이 하겠다"고 말했습니다. 그러니까 돈을 벌기 위해서는 다른 사람의 말을 모는 수고가 필요합니다.

富而可求也, 雖執鞭之士 吾亦爲之

부이가구야, 수집편지사 오역위지

그런데 사실 그 수고의 강도는 스스로 돈을 벌 때의

수고로움과 별반 다르지 않습니다. 다만 여기에는 큰 차이가 있습니다. 돈을 버는 과정에서의 나의 노력은 정당하게 평가받을 수 있지만, 혼테크에서의 나의 노력은 당연시되거나 폄하됩니다. 나의 노력으로 돈을 벌 때 나는 대등한 인간으로 상대와 거래하는 반면, 혼테크는 그 성격이 증여입니다. 상대방이 나에게 하해와 같은 은혜를 베푸는 것이기 때문에 나는 항상 돈을 주는 사람에게 감사해야 하고, 이것은 인간의 대등한 관계를 파괴합니다. 복종이 수반되는 것입니다.

모든 일에는 대가가 따르는 법입니다. 혼테크를 생각하기 전에 여러분 스스로의 경제적 능력을 키우십시오. make money, 즉 돈을 만들 줄 알아야 합니다. 결혼을 고민하기 전에 먼저 온전하게 자기 두 발로 서십시오.

파혼할 용기가 없었어요

A 결혼 전부터 소리를 지르고 화를 내는 등 이상한 점이 있었는데, 그때는 결혼 취소는 안 된다고 생각했어요.

B 약혼식 후 결혼을 하면 안 되겠구나 후회했지만, 이미 진행이 너무 많이 되어버렸고 딱히 부족한 게 없는 상대라 그냥 결혼하게 되었습니다.

C 그 상황에서 제가 가장 걱정되는 건 저희 부모님이었습니다. 전적으로 저를 믿어주신 부모님께 이 말을 어떻게 해야 하나, 걱정이 앞섰습니다. 주변 사람들에게도 결혼 준비한다며 행복해하는 모습을 보여줬는데… 나를 어떻게 생각할지 두려웠어요.

결혼은 처음부터 끝까지 배우자와 그 가족들의 됨됨
이를 알아가는 과정입니다. 사실 그것이 우리의 인생이기
도 합니다. 우리는 체면을 대단히 중시해서 상견례를 하고
청첩장을 돌리면 이미 결혼은 되돌릴 수 없는 거라고 생각합
니다.

A, B, C는 이미 배우자감 또는 그 가족이 문제가 있다
는 걸 알았고, 결혼을 취소하고 싶었습니다. 하지만 부모님
의 체면과 주변의 시선이 걱정되어 파혼을 결정하지 못하
고 질질 끌려가듯 잘못된 결혼을 하고 말았습니다.

아마도 A, B, C는 자기 자신의 판단을 믿지 못했고, 괜
히 일을 크게 만드는 건 아닌가 하는 걱정도 들었을 것입
니다. 다 똑같다는 생각, 내가 너무 예민한 게 아닌가 하는
수만 가지 자기기만적 생각들을 하느라 자기의 결혼이 진
행되는 것을 넋 놓고 바라보고 있었을 수도 있습니다.

D의 경우는 상황이 더 심각합니다. 시아버지 될 사람
의 과거 병력을 숨겼다는 것은, 그것이 대단히 중한 병이

었고 앞으로의 삶에서도 그 병으로 인해 가족들의 희생이 따를 확률이 높다는 것을 의미합니다.

또한 학력은 자기 자신의 바탕으로 속여서도 안 되고, 또 속일 이유도 없는 부분입니다. 학력을 속였다는 것은 자기 자신에게 정직하지 않은 사람이라는 반증입니다. 자기 자신에게 정직하지 않은 사람은 걸러야 합니다. 여러분이 결코 예민한 게 아닙니다. 하지만 D 역시 파혼을 하지 못했습니다.

무엇을 걱정하십니까? 아직도 결혼이 인생에서 어떤 의미를 갖는지 모르시나요? 한 가지 예를 들어보겠습니다. 여기 아주 화려하고 멋있는 신발이 있습니다. 세상에 단 하나뿐인 것 같고, 지금이 아니면 다시는 이런 멋진 신발을 살 수 없을 것 같습니다. 그런데 안타깝게도 이 신발은 내 발 크기보다 약간 작습니다. 여러분이라면 어떻게 하겠습니까?

아마도 어떤 분은 '내 발에 딱 맞진 않아도 신다 보면 늘어나겠지' 아니면 '내가 못 신으면 소장이라도 해야지' 하는 생각으로 신발을 살 수도 있습니다. 사람은 가장 결정적인 순간에 의외로 비이성적일 수 있기 때문에 이런 무모한 소비를 하기도 합니다.

그런데 그렇게 산 신발로 인해 발이 아프면 어떻게 해야 할까요? 간단합니다. 그냥 버리면 됩니다. 아니면 그냥 처박아두고 다른 편한 신발을 사면 됩니다. 그로 인해 내 인생이 침해될 일은 전혀 없습니다.

하지만 결혼은 다릅니다. 결혼은 원상회복이 불가능합니다. 배우자 선택을 신발 고르듯이 하다가는 인생에 크나큰 침해를 받게 됩니다. 더군다나 법률혼을 해소하는 방법은 이혼과 사망밖에 없습니다. 얼마나 무시무시한가요. 세상에 이런 종신 계약은 법률혼 외에는 존재하지 않습니다.

여러분에게 중요한 것은 무엇입니까? 부모님의 체면, 주변의 시선과 평판, 소문들, 그리고 그로 인한 창피함이 내 인생보다 더 중요할까요? 파혼에는 대단한 용기가 필요합니다. 가족과 친구들의 격렬한 반대에 직면하게 될 테니까요.

결혼식을 앞두고 있다면 가족이나 친구들은 여러분이 파혼을 결정하는 이유를 캐물을 테고, 웬만한 이유로는 납득하려 하지도 않을 것입니다. 그들의 물음에 여러분이 '그냥, 이유는 잘 모르겠어', '기분이 안 좋아'라는 식으로 대답한다면 돌아오는 말은 '원래 결혼하기 전에는 다 그래'일 것입니다.

파혼을 결정한 이유가 지극히 개인적인 느낌과 감정적인 것이더라도 상관없습니다. 다만 여러분은 주변 사람들의 반대를 물리칠 용기가 있어야 합니다.

사실 파혼 이유 중 '내가 결혼하기 싫다'는 것보다 더 강력한 이유는 없습니다. 그런데도 이상하게 우리나라에서 그 말은 그다지 설득력이 없습니다. 파혼은 아무나 할 수 있는 게 아닙니다. 주변의 불편한 시선과 오해조차도 날려버릴 수 있는 강한 확신이 있어야 가능합니다.

만약 그렇지 못하다면 여러분은 파혼을 하지 못할 테고, 용케 파혼을 했더라도 주변의 시선을 의식해 후회와 괴로움으로 고통받게 될 것입니다. 판단은 여러분의 몫입니다. 파혼의 판단이 섰다면 하지 마세요, 그 결혼.

결혼은 '해도 후회, 안 해도 후회' 라면 하고 후회할래요

후회할 짓은 애초 시작도 하지 마라

A 연애하다가 결혼하고 싶은 마음이 생기면 내 의사에 따라 결혼하는 게 옳다고 생각한다고 했더니 저더러 이기적이라고 하더군요. 그래서 질질 끌려가듯 결혼 준비를 하게 되었고, 뭔가 불안하고 복잡한 마음을 홀로 달래가며 결혼을 진행했습니다.

B 나이 차이가 많이 나서 소개팅만 하고 안 만나려고 했는데, 적극적으로 대시하는 모습이 좋아서 사귀기 시작했고 결혼하게 되었습니다.

우리는 어릴 때부터 '결혼은 해도 후회, 안 해도 후회' 라는 말을 많이 들어왔습니다. 누구나 이 말에 수긍하며 결혼의 현실적인 문제를 재치 있게 꼬집었다고 생각해 재미있어 합니다.

사람들은 아무렇지 않게 이 말에 익숙해지고, 더 이상 이 말의 진위에 대해 논리적인 판단을 하지 않습니다. 이제 이 말은 우리 사회의 진리처럼 되어버렸습니다.

그런데 이 말은 결혼에 대해 가치중립적이지 않습니다. 얼핏 들어보면 이 말은 결혼과 비혼에 동등한 가치를 두고 비교하는 것처럼 보이지만, 이미 '결혼'을 주어로 상정해 결혼은 긍정적인 '하는 것', 비혼은 부정적인 '안 하는 것'으로 표현했습니다.

그리고 결혼과 비혼의 결론을 모두 '동등한 후회'로 만들어버렸습니다. 이런 상황에서 사람들은 심리적으로 '해 보고 후회하는 쪽'을 선택하기 마련입니다. 결국 이 말은 사람들로 하여금 결혼을 선택하도록 만듭니다.

더군다나 이 말은 우리가 결혼을 해야 할지 말아야 할지 고민하는 결정적인 순간에 매우 큰 위력을 발휘합니다. 다시 말해 이 말은 상대방과 결혼을 해도 되는지에 대한 확신이 서지 않은 상황에서 마치 상대방과 결혼을 하기로 결정한 내 생각이 이성적인 판단의 결과물인 것 같은 착각을 하도록 만들어줍니다. 결혼을 고민하는 사람들이 결국 결혼을 선택하는 결정적인 이유는 위대한 사랑 때문도 아니고, 결연한 의지 때문도 아닙니다. 놀랍게도 사소한 말과 주변의 영향 때문인 경우가 아주 많습니다.

앞의 사례에서 상담자들은 상대방과의 결혼 여부에 대해 결정을 하지 못한 상태인데도 '질질 끌려가듯이' 결혼 준비를 하게 되고, 상대방이 별로 마음에 들지 않는데도 '적극적으로 대시하는 모습'이 마음에 들어 결혼을 하기로 결정합니다. 이런 결정을 하는 사람들의 마음 깊은 곳에는 바로 '결혼은 해도 후회, 안 해도 후회라는데 뭘 그렇게 따져, 그냥 하자'는 메커니즘이 작동하는 것입니다.

우리는 살면서 왜 후회를 하게 될까요? 흔히 가보지 않은 길에 대해서는 누구나 후회한다고 말합니다. 과연 그럴까요? 그렇다면 사람들의 인생은 후회로 점철되어 있을 것입니다. 하지만 제 생각은 좀 다릅니다. 후회는 어떤 일의 결과가 내가 주체적으로 판단해 내린 선택이 아닌 경우에 일어납니다. 결혼과 배우자의 선택이 스스로의 판단에 따라 결정된 게 아니라면 그 사람은 100퍼센트 후회합니다.

이때 그 사람이 후회하는 이유는 '결혼했다는 것' 때

문이 아닙니다. 자신이 정말 결혼이 하고 싶은지, 이 사람과 결혼을 하고 싶은지에 대한 숙고가 없었던 것에 대한 크나큰 후회와 자책입니다. 본질을 혼동해서는 안 됩니다.

후회는 곧 실패, 허물을 의미합니다. 실패는 피할 수 있으면 피하는 것이 상책입니다. 우리 인생은 결코 후회의 연속도 아니고, 후회할 짓은 애초 하지 않는 것이 낫습니다. 후회의 원인과 모습 그리고 그 크기는 서로 다릅니다. 공자는 "나에게 몇 년만 더 주어져 50세까지 주역을 공부할 수 있다면 큰 허물은 없게 할 수 있을 것"이라고 했습니다. 공자처럼 끈임없이 배우고 익혀도 겨우 큰 허물을 없앨 수 있을 뿐입니다.

子曰 加我數年 伍十以學易 可以無大過矣
자왈 가아수년 오십이학역 가이무대과의

스스로의 판단으로 선택한 일이라면 결과적으로 그것이 내 인생의 작은 허물이 될 수는 있어도 인생이 휘청거릴 정도로 크게 후회하게 되지는 않습니다. '결혼은 해도 후회, 안 해도 후회'라는 말장난에 휘둘리지 말고, 인생을 살면서 크게 후회하는 일이 없도록 하십시오. 그러기 위해서는 생각하기를 게을리하지 말고 스스로 선택하십시오.

2

이혼은
신속하게

이혼의 타이밍

이혼은 실패다
그런데 이혼 안 하면 성공인가

때론 삶이 곤경처럼 느껴진다.

막다른 길에 다다라 다른 길로 방향을 바꾸려고

애를 써야 하는 상황에 빠지는 것이다.

하지만 결국 그 길은 막다른 길이 아니었고,

우리가 가고자 했던 길과 연결된 길이었음을

깨닫게 된다.

— 조앤 치티스터, 『모든 일에는 때가 있다』

남들도 다 이러고 산다는데
내가 유별난 건가요?

A 관계 개선에 대한 마음이 없어요. 바뀌어야겠다는 생각을 했었지만 이제는 더 이상 그러고 싶지 않아요. 결혼할 때부터 그만둬야 하는 거 아닌가 싶었는데, 그래도 이렇게 살아야 되나보다, 남들도 다 그렇게 산다니까…. 점점 더 불만이 쌓이고 나이가 들어 저 사람이랑 얼마나 행복할 수 있을까? 불행할 것 같아요.

B 이 남자랑 노년을 함께 산다는 건 끔찍합니다. 이게 제가 이혼을 결정한 가장 큰 이유입니다.

C 아이들 교육 문제도 있고, 그래도 때리지는 않으니까 버티고

살았는데, 이제 아이들도 떠나고 나면 이 사람과의 노후는
암흑일 거라고 생각합니다.

D 더 이상 내 영혼을 죽이는 사람과 같은 공간에 있고 싶지 않
아요.

E 내가 시드는 느낌이에요. 사랑받고 싶고 사랑하고 싶은데 애
정 없는 결혼생활이 무슨 의미가 있는지.

F 어떻게든 이 사람과 올해 안에 분리되지 않으면 죽을지도 몰
라요.

G 힘들어도 사람답게 살다 죽고 싶어요.

누구나 이혼을 하고 싶어 하지는 않습니다. 결혼할 때
부터 헤어져야겠다고 생각한 A가 시간이 지나면서 '그냥
이렇게 살아야 되나보다', '남들도 다 그렇게 산다더라' 하
고 자신을 다독이며 살아가는 것처럼 말입니다.

C 역시 아이들 교육을 위해서는 돈이 필요하고, 배우
자가 폭언은 해도 때리지는 않으니까 참고 살았습니다. 그
런데 이들로 하여금 결국 이혼을 결심하게 만든 계기, 결
정적 생각은 무엇일까요?

저 역시 7년간의 결혼생활을 하면서 여러 가지 이벤트가 있었지만, 처음으로 이혼을 생각한 계기는 '내 삶에 내가 없는 것'이었습니다. 그리고 이혼을 선택하게 만든 결정적 원인은 내가 동의하지 않은, 그저 사회에서 만들어놓은 어떤 역할이 아닌 '나로서 살자'는 결심이었습니다. 내 삶에 적용되는 룰은 내가 정하는 룰 메이커가 되는 것입니다.

상담을 할 때 저는 결혼생활 동안 다양한 사건들이 있었는데 유독 지금 이혼을 결심하게 된 이유를 묻곤 합니다. A, B, C의 경우를 보면 지금이야 아이들을 키워야 하는 공동의 목표가 있지만, 더 나이가 들어 아이들이 모두 독립한 뒤 배우자와 단 둘이 살 생각을 하면 삶이 불행하고 끔찍하고 온통 암흑천지로 느껴져 이혼을 결심했습니다.

D, E, F의 경우는 배우자로 인해 내 영혼이 시들고, 이대로 살다가는 정말로 죽을 것만 같은 절체절명의 순간에 이혼을 결심했습니다. 그리고 G는 사람답게 살고 싶어서 이혼을 선택했습니다. 그런데 이런 사유로 이혼을 해도 될까요? 무책임하다는 생각이 들지는 않나요? 이 사람들이 이기적인 걸까요?

'외도, 폭행, 도박이 아니면 참고 살라'는 말이 있습니다. 왜냐하면 그놈이 그놈이고, 남들도 다 그러고 살기 때문이라는 이유입니다. 하지만 이런 통설은 문제의 본질을 대단히 심각하게 왜곡하고 있습니다.

첫째, 여러분이 이혼을 결심하는 이유는 새로운 사람을 만나 재혼하기 위해서가 아닙니다. 그러니까 그놈이 그놈인 것과 지금 배우자와의 해결할 수 없는 문제로 인해 이혼을 결심하는 것은 아무런 관련이 없습니다.

둘째, 남들도 다 그러고 살지 않습니다. 우리 각자는 자신만의 고유한 삶을 살아갑니다. 하지만 어릴 때부터 개성을 말살하고 자신을 다수 집단에 범주화하는 것에 익숙해져 있는 우리는 스스로를 소속시킬 가정이 있어야만 안정적이라고 믿습니다. 그러나 안정은 나에게서 나오는 것이지 결코 결혼이나 가정 그 자체에서 나오는 게 아닙니다.

또 하나 우리가 잊고 있는 중요한 사실이 있습니다. 인생은 정체되어 있지 않으며, 끊임없이 이어지는 파도와 같다는 것입니다. 결혼과 이혼 역시 그 수많은 파도 중 하나입니다.

어느 순간에도 삶은 계속됩니다. 하지만 우리는 변화는 곧 실패라는 맹목적인 믿음을 바탕으로 현상을 고수하기 위해 부단히도 애를 씁니다. 행복하기 위해 했던 결혼이 어느 순간부터 그 자체로 지켜내야 하는 인생의 신성한 목표로 변질되고, 이혼은 무책임과 실패의 대명사가 됩니다. 그러고는 도저히 참을 수 없는 지경에 이르렀는데도 그것을 참아내고, 이것이 인생이라고 말합니다.

나답게 살기 위한 결혼을 해야 하고, 나답게 살기 위한 이혼을 해야 합니다. 결혼도 이혼도 나답게 살기 위한 스스로의 선택이어야 합니다. 나답게 살 수 있을 때 나는 가장 이타적일 수 있고, 비로소 내 삶을 책임질 수 있습니다.

사실 내가 없는 삶을 산다는 것 자체가 허구입니다. 지금 여러분이 자신으로 살고 있지 못하다면, 그것은 충분히 이혼 사유가 됩니다. 이혼 사유를 법리적으로 구성하는 것은 그 후의 문제입니다.

언젠간 남편이
알아줄 거라 믿었어요

막연히 보상이 있을 거라고 기대했어요. 언젠간 남편이 알아줄 거라고요.

아무리 이상적인 부부라 하더라도 결혼생활을 이어가다 보면 크고 작은 장애물을 만나게 됩니다. 문제가 발생하면 이를 극복하고 성장해나가는 것이 우리의 인생입니다.

그럴 때 부부는 애정과 믿음과 인내로 상대방을 이해하고 보호해 결혼생활을 유지하고 장애를 극복하기 위한 최선의 노력을 다해야 합니다. 이것이 우리 대법원이 제시하는 혼인의 본질입니다.

부부는 상호 대등한 관계에서 문제를 해결하기 위해 서로 노력해야 합니다. 여기서의 핵심은 첫째는 문제에 대한 공동의 인식이며, 둘째는 공동의 노력입니다. 그런데 우리는 종종 이런 사실을 잊습니다. 그러고는 무엇이 문제인지에 대한 공동의 인식도 없는 상황에서 무작정 일방적인 노력을 시작합니다.

상담자는 전업 주부로 어린 자녀 세 명을 키우고 있습니다. 남편은 자녀 양육을 모두 아내에게 떠맡긴 채 남편으로서, 아빠로서의 역할을 전혀 하지 않았습니다.

그녀는 남편의 마음을 돌리기 위해 이전보다 더 열심히 노력했습니다. 새벽부터 늦은 밤까지 집안일과 아이들 돌보기, 그리고 짬을 내서 남편의 사업장에 나가 경리 업무까지 도왔습니다.

모든 일을 완벽하게 해내기 위해 그녀는 아직 갓난아기인 막내를 업고 다녀야 했고, 제대로 밥 먹을 시간도 없이 쫓기듯 살았습니다. 그녀는 '내가 이렇게 열심히 하면 시부모님이 알아주겠지', '언젠간 남편이 알아주겠지'라고 믿었습니다.

하지만 그녀의 노력은 시부모와 남편 그 누구도 원하지 않았던 일입니다. "쟤는 왜 저래?" 아무도 그녀의 노력을 인정해주지 않았고, 오히려 웃음거리가 되었습니다. 그녀의 일방적인 희생은 시간이 흐를수록 더 큰 희생을 불러왔고 상황은 나아지지 않았습니다. 남편은 그녀의 노력을 비웃듯이 다른 여자와 바람까지 피웠습니다.

상담자는 자기 가정의 문제점이 무엇인지 전혀 알지 못했습니다. 사실 알려고도 하지 않았습니다. 그저 '열심히 살면 복 받는다'는 심정으로 미친 듯이 자신의 모든 것을 쏟아 부었을 뿐입니다.

이런 노력은 인간으로서 마땅히 해야 할 일이 아닌 그저 기복신앙과 다를 바 없습니다. 안타깝게도 신은 우리의 삶에 그다지 개입하지 않습니다. 오죽하면 그 순간을 '기적'이라고 부를 만큼 신의 손길은 불가사의하고, 기이한 일입니다.

부부는 애정과 신뢰를 바탕으로 일생의 공동생활을 목적으로 하는 공동체입니다. 문제에 대한 공통된 인식이 없는 상황에서 일방적인 노력만으로는 아무것도 개선되지 않습니다. 오히려 문제는 계속 커져 걷잡을 수 없는 지경에 이르게 됩니다.

공자는 일찍이 "사리에 맞지 않는 공손함은 비굴할

뿐"이라고 했습니다(恭而無禮則勞, 공이무례즉노). 상대방은 문
제의식도 전혀 없고, 개선을 바라지도 않고, 나의 노력을
당연하게 여기는데 나는 도대체 무엇을 위해 애쓰고 노력
하고 있을까요? 헛된 노력은 스스로를 비굴하게 만들 뿐
입니다.

뿐"이라고 했습니다(恭而無禮則勞, 공이무례즉노). 상대방은 문
제의식도 전혀 없고, 개선을 바라지도 않고, 나의 노력을

하고 있을까요? 헛된 노력은 스스로를 비굴하게 만들 뿐

그래도 없는 것보다
있는 게 낫지 않나요?

A 계속 살다간 정신병원에 갈 것 같아요. 그래도 없는 것보다
는 있는 게 낫겠지 하는 생각으로 버티고 있어요.

B 13년의 결혼생활 동안 좋은 추억이 거의 없습니다.

C 암 진단을 받고 1년간 투병생활을 했는데요, 남편은 제가 아
픈 사실을 그저 짜증스러워하며 병간호하는 것을 귀찮게 생
각했어요. 그때 저는 너무나 절망했어요.

D 암 치료 중에 남편한테서 결혼생활을 그만두자는 말을 들었
어요. 패닉 상태였죠.

'그래도 없는 것보다 있는 게 낫지.' 이 말은 이혼을 신속하게 선택하지 못하도록 하는 가장 강력한 장애물 중 하나입니다. 여러분의 생각은 어떻습니까?

모든 판단에는 그에 상응하는 근거가 있어야 합니다. A는 배우자와 함께 살면서 정신병원에 갈 정도의 고통을 겪고 있습니다. B 역시 13년의 결혼생활 동안 좋은 추억이 없습니다. 그런데 과연 그런 배우자라도 없는 것보다 있는 게 나을까요?

사실 이 말은 지금 당장보다도 노년이라는 먼 미래나 내가 누군가의 도움이 필요한 때를 염두에 둔 것입니다. 나이가 들거나 병이 들었을 때 옆에 누군가 있어서 함께 의지하고 서로를 돌봐주는 것은 분명히 멋진 일입니다. 여기에서의 포인트는 그저 옆에 '존재하는 것'이 아니라 '협력'에 있습니다.

하지만 애정과 신뢰가 없는 부부가 병들거나 늙었을 때 서로 병간호를 해주고 보살펴주고 묵묵히 서로의 곁을 지켜줄까요? 오랜 시간 함께한 사람이 늙고 병들었다면 그때라도 옆을 지켜주는 게 인지상정일 것입니다. 미운 정이나 의리로라도 말입니다. 그런데 지금까지 단 한 번도 그러지 않았던 사람이 어려운 시기가 닥쳤을 때 갑자기 그럴 거라고 믿는 이유는 무엇인가요?

C는 화목한 부부는 아니었지만 그래도 아내로서, 며느리로서의 역할을 묵묵히 수행했습니다. 그러다가 40대의 젊은 나이에 암에 걸렸습니다. 다행히 초기에 암이 발견되어 치료만 잘하면 완치가 가능했습니다.

그렇게 그녀는 수술을 받고 1년 정도 항암 치료에 매진했습니다. 그런데 남편은 그저 이런 상황을 피곤해하며 짜증스러운 기색을 보였습니다. 그러니까 남편의 태도는 '왜 아파서 나를 이렇게 불편하게 하느냐'였던 것입니다.

D는 설상가상으로 암 치료 중 남편으로부터 이혼 통보를 받았습니다. 자기 몸 하나 추스르기 어려운 상황에서 이혼 통보를 받은 D의 심정이 어땠을까요?

이렇게 인생의 가장 어려운 시기에 봉착해 사투를 벌이고 있을 때 등 뒤에서 비수를 꽂는 배우자들도 심심치 않게 있습니다. 그래도 여전히 배우자가 없는 것보다 있는 편이 나을까요?

독박 육아로 정신없는 생활을 하고 있는 전문직 여성이 사무소를 찾아왔습니다. 그녀의 남편은 무뚝뚝하고 애정이라고는 눈곱만큼도 없는 데다 언제나 술 담배에 찌들어 있었습니다. 부부 간에 대화가 끊어진 지는 이미 오래되었습니다. 무슨 일인지 남편이 두렵기만 한 그녀는 남편의 심기를 건드릴까 봐 항상 전전긍긍해야 했습니다.

"왜 그동안 이혼을 안 하고 사셨어요?"
"그래도 제가 아프면 저를 데리고 병원에는 가주겠지 싶었거든요."
"그럼 지금은요?"
"제가 아프기라도 하면 이 사람은 저를 처참하게 버릴 사람이라고 생각해요."

우리는 상실을 무서워합니다. 없는 것보다 있는 게 낫다는 말 역시 상실을 겪고 싶지 않은 마음의 표현입니다. 하지만 안타깝게도 우리의 삶은 상실의 연속입니다. 결국 우리 자신도 소멸하는 것이 인생입니다. 우리는 상실과 이별에 익숙해져야 합니다. 그것이 건강한 삶입니다. 상실이 있기에 비로소 새로운 시작이 가능합니다.

조앤 치티스터는 『모든 일에는 때가 있다』에서 이렇게 이야기합니다.

우리의 단순한 삶에는 너무도 많은 상실이 실타래처럼 얽혀 있다. 가족의 죽음은 남은 가족 모두에게 완전히 새로운 삶의 시작이 된다. 직장을 잃는 것은 새로운 일의 시작이 된다. 돈을 다 잃는 것은 우리의 마음을 비우고, 우리의 영혼을 굳어지게 했던 생활방식으로부터 탈출할 수 있는 기회를 준다. 상실은 분명 또 다른 선택으로의 초대다.

'그래도 없는 것보다 있는 게 낫겠지'라는 출처도 알 수 없는 통설에 여러분의 인생을 휘둘리지 마십시오. 미래의 불확실한 순간을 위해 지금의 삶을 담보 잡히지 마십시오. 모든 판단은 상대방에 대한 철저한 관찰에서 나오는 것입니다.

끊임없이 자신을 성찰하고, 상대방의 말과 행동을 관찰하십시오. 그래서 나는 어떤 사람이고, 상대방이 나와 함께할 수 있는 사람인지 평가하십시오. 지금 함께하는 것 자체가 불행하고 고통스러운데 단순히 시간이 지난다고 해서 괜찮아질 수는 없습니다. 만일 그렇다면 그것은 그저 여러분이 그 불행과 고통에 익숙해진 것뿐입니다. 상실을 무서워하지 마십시오. 상실은 새로운 시작입니다.

웬만하면 싸우지 않아요
그래야 평화롭거든요

A 싸우면 내가 답답하니까 먼저 풀었어요.

B 싸늘한 눈빛을 보는 게 두려웠어요.

C 다혈질이고 기분 내키는 대로 화를 내는데, 어느 포인트에서
화를 낼지 가늠이 되지 않아요.

D 나만 삭이면 조용하니까 그렇게 습관이 들었어요.

E 항상 사과하고 있는 나 자신을 발견해요.

F 항상 남편의 신경을 건드릴까 봐 걱정했어요.

G 웬만하면 건드리지 않아요. 그래야 평화롭고 아이들한테도
좋으니까요.

H 대화를 안 해요. 사람을 투명인간 취급해요. 본인이 마음에
안 드는 일이 있으면 대화하고 해결하려는 게 아니라 회피와
단절을 선택해요. 살얼음판을 걷는 기분이에요. 감정적인
소모가 싫어서 제가 먼저 대화를 시도하고 화를 풀어주는
데, 이제는 그럴 마음의 여유도 없고, 어차피 또 싸울 거라
생각하니 노력하고 싶은 마음도 없어요.

I 관계를 어디에서부터 개선해야 할지, 처음으로 돌아가서 다
시 시작하고 싶어요. 이 관계를 정리하고 싶어요.

J 이혼하자고 하니까, 왜 힘들어하는지 모르겠다며 제가 나약
해서 그런 거래요.

K 아내는 제가 질문하는 것 자체만으로도 저를 나쁜 놈 취급
했습니다.

L 아닌 것을 아니라고 할 용기가 없었어요.

결혼생활을 하다 보면 여러 가지 장애가 발생합니다. 이상적인 부부는 싸우지 않는 부부가 아니라 잘 싸워 문제를 해결하는 부부입니다. 그런데 어릴 때부터 양보는 미덕이고, 싸움은 나쁜 거라고 배워온 우리는 싸움에 미숙합니다. 싸움의 기술이 없는 것입니다.

연애 시절 싸움 자체를 하지 않는 커플은 천생연분이어서가 아니라 미성숙하기 때문입니다. 여기서 중요한 점은 싸움을 하는 이유입니다. 우리는 소리를 지르고 자신의 감정을 쏟아내기 위해 싸우는 게 아닙니다.

목적은 싸움 그 자체가 아니라 싸움의 과정을 통해 장애를 해결해나가는 것입니다. 문제가 해결되지 않는 싸움은 불필요한 감정 소비일 뿐이며 그냥 화를 내는 것에 불과합니다. 그런 싸움은 그만두십시오.

A와 B는 배우자에게 문제를 제기했습니다. 배우자들은 A, B의 문제 제기에 한두 번 들어주는 것 같더니 이내 짜증을 내거나 폭언을 쏟아냈습니다. 아니면 일절 대꾸하지 않았습니다. C의 배우자는 감정 기복이 심해서 이성적인 대화가 불가능한 수준입니다.

A, B, C는 정작 자신들이 제기한 문제는 해결되지 않은 채 배우자와의 관계만 틀어지는 경험을 했습니다. 결국

A는 그런 상황이 답답해서, B는 두려워서, C는 불안해서 더 이상의 문제 제기를 포기하고 맙니다.

그들은 내면의 끓어오르는 의문과 부당함을 잠재우기 위해 체념을 선택하고, 이를 정당화하기 위해 자기기만을 시작합니다. 이때 등장하는 통설이 '내가 너무 예민한가?', '다 이러고 사는 건가?' 등입니다. D, E, F처럼 말입니다.

그렇게 오랜 시간이 흐르면 진심으로 마치 가정에 아무런 문제가 없는 것 같이 생각하게 되고, 그것이 안정이라고 믿게 됩니다. 문제가 있어도 싸우지 않고 남편의 신경을 건들지 않기 위해 참는 것입니다. 그것이 가정의 평화라고 믿는 G와 같은 경우입니다. "우리는 황무지를 만들고 그것을 평화라고 부른다"고 한 세네카의 말처럼 그것은 거짓된 평화입니다.

사실 여러분이 가정의 문제를 회피할 때마다 그 문제는 점점 더 견고해집니다. 여러분의 주변은 점점 더 쓰레기장이 되어갑니다. 언제까지 쓰레기장의 악취를 견딜 수 있을까요? 참고 견디는 것도 노력이며 에너지가 필요합니다.

이제 H는 그런 삶에 지쳤습니다. I는 가정의 문제가 얽히고설켜 무엇을 어떻게 해야 하는지도 모르는 상태가 되었습니다. I가 원하는 관계의 정리 역시 또 다른 회피일 뿐입니다. 싸워야 할 때 싸우지 않으면 영광스러운 승리도 맛볼 수 없습니다. 여기서의 승리란 어떤 풍파에도 끄떡없는 견고한 가정입니다.

어떻게 해야 잘 싸울 수 있을까요? 싸움의 핵심은 문제 제기입니다. 질문을 잘하는 능력이 싸움의 가장 중요한 기술입니다. 공자는 사람으로서 살아가는 데 반드시 염두에 두어야 할 아홉 가지 행동 수칙을 알려줍니다. 그중 일곱 번째가 '의심스러울 때는 물어봐라'입니다(疑思問, 의사문).

어떤 상황에 '어, 이거 뭐지?' 하는 생각이 들거나, 부부가 협력해 가정을 일궈나가는 데 문제가 생기면 서로 묻고 함께 해답을 찾아야 합니다. 이때 질문을 잘하는 것이 매우 필요합니다. 잘한다는 것은 사리에 맞는다는 것을 의미합니다.

무엇이 문제인지도 모르는 J와 질문하는 것 자체를 나쁘게 보는 K는 애초에 싸움을 할 수 없는 최악의 배우자입니다. 싸움을 할 수 없다는 것은 개선할 수 없다는 말입니다. 그야말로 천하에 버림받을 배우자의 재질이라고 할 수 있습니다. 이런 사람을 잘 걸러내기 위해 필요한 과정이 성기사(省其私), 즉 사사로움을 살피는 것입니다.

　사리에 맞는 질문을 할 수 있도록 나를 바로 세우는 과정을 게을리해서는 안 됩니다. 그리고 내 질문에 대한 배우자의 반응을 반드시 살피십시오.

　배우자가 나의 문제 제기에 동의하지 않으면서 그저 분란을 일으키기 싫어서 참고 받아주는 것도 대단히 위험한 일입니다. 참았던 것은 언젠가 터지기 마련입니다.

　마지막으로 여러분에게 필요한 자세는 질문하는 용기입니다. 나의 질문이 배우자의 차가운 시선과 분노로 이어진다 하더라도 질문을 포기해서는 안 됩니다. 나의 질문을 배우자가 회피하고 무시한다면 그때가 바로 이혼의 타이밍입니다.

나보고 너무
이기적인 사람이래요

남편은 항상 제게 "당신은 너무 이기적이야. 가족을 위해, 결혼생활을 위해 희생하려고 하지 않잖아"라고 말합니다.

결혼은 희생이 따라야 하는 제도일까요? 배우자를 위해 희생하고, 자녀를 위해 희생하고, 부모님을 위해 희생하는 것이 결혼생활일까요? 기혼인 남녀가 나 자신을 생각하고 위하면 이기적인 걸까요? 그렇다면 여러분은 왜 결혼을 하십니까?

우리는 어릴 때부터 꿈을 세우고, 그 꿈을 이루기 위해 노력하는 것을 장려하는 분위기에서 자랍니다. 그런데 결혼과 동시에 갑자기 '나의 꿈'은 이기적인 것으로 평가 받습니다. 여기에서 우리는 큰 혼란을 겪습니다. 그러고는 내가 처한 현실과 내 생각의 괴리를 메우기 위해 다양한 시도를 합니다.

여기에는 크게 두 부류가 있을 수 있는데, 첫째는 희생과 꿈을 적절히 조절하는 것입니다. 둘째는 꿈을 포기하고 희생을 선택하는 것입니다. 꿈을 포기하는 방법은 여러 가지입니다. 이런 게 인생이라며 스스로를 위안하거나, 가정을 지켰으니 되었다며 자기기만을 하는 것입니다.

사람은 누구나 이기적입니다. 내가 희생하는 이유는 즐거워서가 아니라 그에 상응하는 보상이 있기 때문입니다. 나의 희생이 클수록 그에 따른 보상은 커야 합니다. 그리고 그 보상은 나의 희생을 누린 대상으로부터 받아야 합니다. 만일 내가 꿈을 버리면서까지 희생한 대상이 가정이라면, 그 가정의 구성원인 배우자와 자녀가 그에 합당한 보상을 해주어야 합니다.

이런 경우 부모는 자신의 꿈과 바꾼 자녀에게 자신을 투영합니다. 부모의 희생이 클수록 자녀는 자기를 위해 희생한 부모에 대한 부채감이 쌓여갑니다. '내가 너를 어떻게 키웠는데', '네가 어떻게 나한테 이럴 수 있어', '내가 이런

꼴 보려고 뒷바라지한 줄 알아?'

결혼한 자녀들이 갑자기 효자, 효녀가 되는 이유는 바로 이것 때문입니다. 아무리 개차반이었던 사람도 결혼을 하면 이 빚을 갚지 못해 안달이 납니다. 자녀들이 보기에도 '나'를 잃은 채 가정을 위해 희생한 부모가 안쓰럽기 때문입니다.

심지어 어릴 때 헤어진 부모인데도 자녀가 결혼을 하면 나타나 부모 노릇을 하려는 경우도 있습니다. 결국 부모의 희생을 보상해주기 위해 자녀들은 자신의 꿈을 포기하고 희생하게 됩니다. 그리고 이런 악순환은 반복되고 대물림됩니다.

결혼은 희생이 아닙니다. 결혼이 희생이라면 우리는 결혼할 이유가 없습니다. 결혼이란 두 사람이 함께 공동생활을 영위해나가는 것으로 서로 간의 협조와 배려가 필요합니다.

협조와 배려는 플러스의 결과물을 만들어내는 것으로 상대에 대한 이해와 관심을 전제로 합니다. 협조와 배려는 무언가를 끊임없이 버려야 하는 숭고한 희생과는 전적으로 다릅니다. 그렇게 계속 버리다 보면 결국 나 자신조차 버려야 합니다.

조앤 치티스터는 결혼에 대해 이렇게 이야기합니다.

결혼은 두 사람이 함께하지만 서로를 구속하지 않고, 연결
되어 있지만 각자의 참모습을 억누르지 않으면서, 힘을 합
쳐 완성의 길로 나아갈 수 있다는 희망을 주는 것이다.

우리 인생은 도를 닦는 과정이 아닙니다. 인생이란 나
를 찾아가는 여정이지, 나를 버리고 부정하는 것에 익숙해
지는 게 아닙니다. 희생의 강요는 곧 보상의 강요로 이어지
기 때문에 건강한 가정이 될 수 없습니다. 희생하지 마십
시오.

다른 여자를 만나는 것 같아요

A 평소에 저한테 굉장히 잘해줬어요. 심지어 의처증이 있을 정 도로요. 그런 남편의 불륜 사실을 알았을 때 엄청난 충격이 있었습니다.

B 남편은 무뚝뚝한 사람이 아니었더라고요.

C 저는 그때까지도 헤어질 생각이 전혀 없었어요. 아이들한테 들어가는 돈이 많은데… 제 잘못인 줄 알았어요. 내가 너무 열심히 살아서 가정을 소홀히 했구나. 남편의 변태적인 요구 에 응하지 않아서 이렇게 되었구나. 다 내 잘못이다.

D   제가 큰맘 먹고 용서해주면 정신 차리지 않을까요?

E   외도를 했어도 한 번 용서해주면 평생 잘할 것 같아서 다시 시작하기로 했는데, 정작 제가 힘든 건 외도가 아니라 미안해하는 기색도 없이 당당한 데다 오히려 나를 탓하는 태도였어요.

F   처음에는 싹싹 빌었어요. 그렇게 첫 달은 굉장히 잘해주더니 점점 기고만장해졌어요.

G   오히려 바람피운 사실이 다 까발려지자 더 막 나오기 시작했어요.

H   아이들 때문에 살려고 했는데, 남편은 오히려 아이들을 자극하더라고요.

I   제가 어디까지 해야 되나요? 8년이면 나도 할 만큼 했어요.

J   꼭 한 가지는 상간녀에게 설욕하고 싶습니다. 자식들이 불행해질까 봐 오히려 제가 가서 빌었거든요.

배우자가 불륜을 저질렀다면 여러분은 기분이 어떨까요? 불륜(不倫)의 사전적 의미는 '사람으로서 지켜야 할 도리에서 벗어난 것'이지만, 주로 기혼남녀가 배우자가 아닌 사람과 성적관계를 맺는 것을 의미합니다.

불륜은 남녀를 떠나 발생합니다. 신혼부부인데 아내가 한 명도 아닌 여러 명의 남자와 바람을 피우고 있다는 충격적인 사실을 알게 된 남편도 있습니다.

A는 평소 자상하고 자기에게 과도하게 집착하는 남편의 외도를 단 한 번도 의심하지 않았습니다. B의 남편은 무뚝뚝했습니다. 그녀는 많이 외로웠지만 원래 남편이 애정 표현을 못해서 그런 줄 알고 인내하며 수십 년을 살아왔습니다.

하지만 남편은 오랫동안 만나 온 상간녀가 있었습니다. 남편이 상간녀와 주고받은 다정한 내용의 카톡을 보고 B는 말 그대로 자신의 지난 삶이 무너져 내리는 느낌이었습니다. A와 B가 받았을 충격은 가늠하기조차 어렵습니다.

배우자의 불륜 사실을 알게 되었을 때 우리는 복잡한 감정의 소용돌이에 휩싸입니다. 청천벽력, 극심한 분노, 배신감, 끝없는 절망, 후회, 자책 등입니다. 그런데 불륜을 저지른 쪽은 배우자인데 내가 후회하고 자책하는 것은 어떤 심정일까요?

맞벌이 부부인 C는 회사일, 가사일, 육아까지 전담하느라 정신없는 하루하루를 살아왔습니다. 그러다 보니 남편에게 소홀할 수밖에 없었고, 남편의 변태적 성향의 성적 요구를 들어주지 못했습니다. 결국 자신의 행위로 인해 남편이 바람을 피웠다고 생각합니다. 그러면서 그녀는 후회합니다. '내가 좀 덜 열심히 살걸.'

남편 역시 '내가 바람을 피운 건 다 너 때문이야'라고 모든 책임을 C에게 전가합니다. 사리에 맞게 생각하지 못하는 전형적인 경우이자, 가스라이팅(gaslighting)의 또 다른 형태입니다.

배우자가 바람을 피웠을 때 분명히 해야 할 것은 불륜은 오롯이 상대방의 잘못이라는 점입니다. 문제가 없는 가정은 없습니다. 그렇다고 모든 기혼자가 그 해결책으로 바람을 피우지는 않습니다.

배우자가 해서는 안 될 불륜을 저질렀습니다. 여러분은 어떤 선택을 하겠습니까? 이혼인가요, 용서인가요? 자녀가 있는 경우라면 결코 쉽지 않은 결정입니다.

이때 대부분의 사람들은 D와 같이 생각합니다. '처음

이니까 용서해주자.' 그리고 주변에서도 참으라거나 신중하게 결정하라고 조언합니다. 용서해주는 것도 가능한 선택입니다. 단, 용서에는 두 가지 조건이 필요합니다.

첫째는 상대방이 진심으로 잘못을 인정하고 반성할 것, 둘째는 내가 용서할 수 있는 일일 것입니다. 그런데 우리는 이 두 가지가 없는 상황인데도 용서를 남발하는 경향이 있습니다. 이는 진정한 용서라기보다 문제를 회피하는 것입니다.

E, F, G, H의 배우자들 경우는 불륜을 들킨 것을 모면하기 위해 잘못했다고 하지만 사실 그다지 반성하고 있지 않습니다.

I는 자신이 저지른 한순간의 불륜으로 인해 아내가 받았을 고통에 대해 진심으로 용서를 구했습니다. 자신의 행동이 한없이 부끄럽고 아내가 받았을 상처를 생각하면 그 죄를 씻을 수 없다고 생각했습니다.

아내는 그런 남편을 용서하기로 했습니다. 하지만 그녀는 남편의 행위를 끝내 용서하지 못했습니다. 그녀는 남편을 죄인 취급했고 부부싸움만 하면 언제든 남편의 불륜 사실을 끄집어냈습니다.

그때마다 I는 할 말이 없었습니다. 그런 생활을 8년을 반복했지만 이제 더 이상 그도 견딜 수 없는 지경에 이르렀습니다. 부부의 삶은 I가 불륜을 저지른 그 시점에 멈춰 버린 것입니다.

불륜은 어떤 경우에도 정당화될 수 없습니다. 상실이 무서워 잘못된 것을 잘못되었다고 말하지 못하면 안 됩니다. 여러분, 당당해지십시오. 자식들이 불행해질까 봐 J처럼 오히려 상간녀에게 빌며 사정하는 식의 선택을 해서는 안 됩니다. 자식들은 불륜하는 부모와 시비를 가리지 않고 이를 회피하는 부모 밑에서 왜곡된 기준으로 세상을 살게 됩니다.

불륜을 용서하고 부부가 다시 화합할 수도 있습니다. 하지만 그 용서는 반드시 위의 두 가지 조건을 충족해야 합니다. 불륜 배우자의 철저한 반성과 각오 그리고 이를 두 번 다시 문제 삼지 않는 나의 태도입니다.

의심스럽다면 애당초 용서하면 안 되고, 일단 용서했으면 더 이상 의심하면 안 됩니다(疑人勿用用無疑, 의인물용 용무의). 그래야만 과거의 실패를 발판으로 새로운 시작을 할 수 있습니다. 상대방이 잘못을 전혀 반성하지 않거나, 평생 배우자의 불륜 사실에서 벗어나지 못하고 고통 속에 살 것 같다면 신속하게 이혼을 선택하십시오.

시집 때문에 못 살겠어요

A 심각한 간섭, 이틀에 한 번씩 통화, 주말마다 가족 행사, 갑작스럽게 집이나 직장에 찾아오기 등 가장 행복해야 할 신혼 1년을 지옥처럼 보냈습니다.

B 육아와 생활에 대한 시부모님의 간섭과 제약으로 사는 게 사는 게 아니었어요.

C 결혼 기간 내내 친정에 간 적이 없고, 가족 여행을 간 적은 한 번뿐이에요. 나머지는 모두 시부모님과 시집 식구들과 함께 갔죠.

D   왜 내가 이런 대접을 받아야 하죠?

E   트러블이 있을 때마다 남편은 제 식구 감싸기 바쁜 사람이에요. 더 이상 남편에게 경제적으로도 가정적으로도 미래에 대해서도 기대하고 싶은 맘도, 기대할 수 있는 부분도 전혀 없어요.

F   남편은 무책임하게 시부모님 의견을 단순히 저한테 전달하는 역할만 합니다. 자기 부모님의 언행에 전혀 문제가 없다면서 중재는커녕 방관자처럼 행동합니다.

한국 사회에서 여성으로 살면서 시집 이야기를 하자면 끝도 없습니다. 저 역시 어릴 때부터 집안 어른들로부터 "여자는 출가외인이다"라는 말을 수도 없이 듣고 자랐습니다. 그럴 때마다 기분이 좋지는 않았지만, 딱히 여자라고 차별 대우를 하지도 않았기에 별다른 의미를 부여하지 않았습니다. 그저 구시대의 유물 정도로 생각했습니다.

우습게도 저는 29세에 결혼을 하면서 비로소 내가 대한민국의 '여성'이라는 사실과 드디어 여자의 일생이 시작되었다는 것을 깨달았습니다. 그전까지 저는 여성이 아니라 '사람'으로 살아왔던 것입니다.

물론 저의 생물학적 성별은 여성이지만 학창 시절을

보내고 대학을 가고 고시 공부를 하고 군법무관이 되는 그 긴 시간 동안 저는 특별히 여성으로 살 필요가 없었습니다. 결혼하기 전까지 저는 꿈을 설정하고 그 꿈을 향해 매진해나가는 사람으로 인생을 살았습니다.

그런데 결혼을 하자 드디어 여성의 역할이 요구되기 시작했습니다. 그때부터 저는 '사람'이 아니라 전통적으로 요구되는 누군가의 '아내'이자 누군가의 '며느리'로서의 역할을 충실히 수행해내야 했습니다. 바로 시집이 탄생한 것입니다.

요즘은 옛날 같지 않은 평등한 사회라고 하지만, 여전히 딸 가진 죄인으로 사는 사람들이 많습니다. 남자도 결혼을 하면 '남편'이자 '사위'로서의 역할이 부여되지만, '아내'와 '며느리'라는 전통적인 역할의 강도에 비할 바는 아닙니다.

A, B, C는 신혼 초부터 시부모의 과도한 간섭과 제약으로 고통을 받았습니다. A의 시어머니는 신혼집의 열쇠까지 가지고 있으면서 수시로 신혼집을 들락거렸습니다. A는 이에 대해 차마 시어머니에게는 말하지 못하고 남편에게 불편함을 호소했습니다. 그러자 남편은 '엄마가 일부러

와서 도와주는데 뭐가 불편해? 너 진짜 이상하다!'라며 오히려 A를 비난했습니다.

C의 남편은 결혼 후 처가에는 가지도 않는데 그녀는 매번 시집 식구들과 해외여행을 가야 했습니다. 그녀는 가족끼리 오붓하게 여행을 가는 게 소원이지만 남편은 언제나 자기 부모님은 물론 형제자매들의 가족까지 동반해 여행을 갑니다.

D는 항상 시어머님, 시아버님이라고 존칭을 쓰는데, 남편은 그냥 장인, 장모라고 호칭하며 은근히 D의 부모님을 하대합니다. 남편은 그녀에게 '나 같은 남편 없다. 다른 남자들은 친정에도 못 가게 해. 행복한 줄 알아!'라며 오히려 큰소리를 칩니다.

그녀는 자신이 왜 이런 푸대접을 받고 살아야 하는지 모를 지경입니다. 너무 서럽지만 '다 그러고 사나 보다'라고 체념하며 구시대적 전통이 요구하는 여자의 일생에 순응해갑니다.

남자사람과 여자사람이 만나 대등한 관계에서 부부가 되었는데, 정작 그 중심에는 부부가 아닌 전통적인 성 역할이 버티고 있습니다. 결혼생활에는 문제가 발생하기 마련이고, 문제가 발생하면 부부가 함께 해결해나가야 합니다. 그 문제가 시집과의 관계에서 발생한 것이라 해도 부부는 함께 그 장애를 극복하기 위해 노력을 다해야 합니다.

문제 해결의 출발점은 문제를 인식하는 것입니다. 남편이 시집의 과도한 간섭 등에 대해 아무런 문제의식도 가지고 있지 않다면 이 문제는 결코 극복할 수 없습니다.

제 식구 감싸기에 바쁜 E의 남편이나, 시부모의 의견을 단순히 전달만 하는 F의 남편이 바로 그런 경우입니다. E와 F의 남편 눈에는 자기 부모나 가족들의 행동에 전혀 문제가 없어 보입니다. 그렇다면 이 문제는 해결할 수 없습니다. 문제의식이 없는 사람에게 중재를 맡기는 것은 당사자에게는 매우 곤혹스러운 일입니다. 결국 F의 남편처럼 우유부단한 방관자가 될 수밖에 없습니다.

그렇다면 시집과의 연을 끊는 것만이 해결책일까요? 어쨌든 남편에게는 자기의 부모입니다. 천륜은 절대로 끊을 수 없습니다. 또한 여러분은 며느리입니다. 사회적으로 요구되는 며느리의 역할을 하지 않고서 여러분이 편할 수 있을까요?

전통적으로 요구되는 여성의 역할을 절대 무시하지 마십시오. 결혼에는 성 역할이 수반된다는 점까지 고려해 결혼을 결정해야 합니다. 그래서 결혼 전에 시집 또는 처가 식구들의 태도와 그 속에서의 배우자의 태도까지 두루두루 잘 살펴야 합니다. '요즘 세상에 그런 게 어디 있냐'며 일축했다가는 '그런 것도 모르고 결혼했냐?'는 비난을 들을 수밖에 없습니다.

아이가 생기면
달라질 줄 알았어요

A 처음엔 행복했습니다. 출산 후 제가 육아 휴직을 하면서 남편의 외벌이로 생활이 더 어려워졌습니다.

B 싸울 때마다 이혼 얘기를 했지만, 아이가 생기면 달라질 거라는 희망을 가졌어요.

C 애가 없을 때 정리했어야 했는데… 폭행이 아니고 폭언 정도라 참았어요. 아이가 생기면 달라질까 하고 기다렸어요.

D 도망치고 싶은 제 마음을 다잡고 싶어서 둘째를 낳았어요.

혼인은 남녀의 성적 결합이므로 결혼생활에서 자녀의
출산은 지극히 자연스러운 일입니다. 그런데 자녀의 탄생
배경과 그로 인한 가정생활의 변화는 가정마다 사뭇 다릅
니다.

A의 경우 출산 전에는 경제적으로 큰 어려움이 없었습
니다. 그런데 임신으로 인해 육아 휴직을 하게 되었고, 남
편의 외벌이만으로는 세 식구 생활이 빠듯해졌습니다. 게
다가 육아로 인해 몸이 고되자 마음의 여유도 사라져 서로
에게 짜증내는 일이 잦아졌습니다. 자녀 출산으로 인해 가
정이 위기를 겪게 된 경우입니다.

아이는 무조건 축복일까요? 어떤 가정은 부부 사이는
아무런 문제가 없는데 자식과의 관계가 너무 좋지 않아

'자식을 낳은 것을 후회'하기도 합니다. 부모답지 않은 생각이라고 비난할 수도 있습니다. 하지만 전생의 원수지간이라고밖에 설명할 길이 없는 그런 부모 자식의 관계가 현실에는 엄연히 존재합니다.

B와 C는 부부 사이에 문제가 있지만 '아이가 생기면 남편이 달라지겠지' 하는 무모한 생각으로 자녀를 출산했습니다. 거짓말처럼 들리겠지만 이런 생각으로 자녀를 출산하는 경우도 종종 있습니다. 그런데 왜 이렇게까지 불합리한 말에 의존하며 아이를 출산할까요? 결국 이 모든 것은 이혼을 하지 않기 위한 방편입니다. 이런 통념은 '결혼하면 달라진다'는 말과 함께 아무런 근거가 없는데도 강한 호소력이 있습니다.

우리는 언제나 사리에 맞게 생각하고 행동하려고 노력해야 합니다. 만일 아이를 낳았다고 해서 달라진다면 그것은 사회적으로 엄마와 아빠의 역할이 새롭게 부여되고 거기에 맞춰가면서 부부의 문제가 차순위로 밀려나거나 회피하기 때문이지, 부부의 관계가 회복되는 것은 결코 아닙니다.

저는 '순응'에 행복이 있다고 생각하지 않습니다. 순응은 곧 나를 버린다는 의미이기 때문입니다. 서로 맞지 않는 부부가 아이를 매개로 서로를 가정에 구속하는 관계가 되는 것뿐입니다.

D는 결혼생활에 문제가 있습니다. 이혼하고 싶은 마음을 다잡기 위해 아이를 낳기로 했습니다. 그녀가 아이를 낳은 이유는 스스로를 구속하기 위해서입니다. 아마도 그녀는 이혼은 절대로 해서는 안 되는 것, 나쁜 거라고 생각하는 것 같습니다. 이혼은 인생에서 절대로 일어나서는 안 되는 일이 아닙니다. 이혼 역시 하나의 문제 해결 방법입니다.

E와 F는 이혼하려고 마음먹었습니다. 그러나 덜컥 임신을 하게 되었고, 스스로 또는 가족들의 만류로 이혼을 선택하지 못했습니다. E와 F가 이혼하지 않은 것은 자신들의 선택의 결과가 아니라 상황을 수용한 것입니다. 시간이 흐른 뒤 E는 결국 이혼을 결정하게 되었고, 그때 그녀의 곁에는 아직 어린 두 명의 자녀가 있었습니다. 이 조건은 E의 이혼 결심과 이혼 후의 환경 조성을 더욱 어렵게 만들었습니다.

자녀의 출산은 부부의 선택입니다. 선택이라는 말은 나의 결정이라는 의미와 함께 그에 따른 책임도 내가 진다는 뜻입니다. 결혼을 했다고 해서 자녀를 출산할 의무가 있는 것은 아닙니다. 아이를 낳을지 말지는 부부의 선택입니다.

모든 것은 부부의 결정에 따라 이루어집니다. 가정의 중심은 부부이지 자녀가 아닙니다. 자녀가 있다고 해서 해결할 수 없는 문제가 있는데도 참고 살아야 하는 것은 아닙니다. 또한 자녀를 낳는다고 해서 배우자가 달라지지도 않습니다. 이것도 일종의 회피입니다.

내가 지키려고 하는 가정의 의미가 무엇인지에 대해 곰곰이 생각해봐야 합니다. 자녀의 탄생이 가정에 어떤 영향을 미칠지는 아무도 알 수 없습니다. 다만 부부는 애정과 신뢰로 맺어져 결혼생활에서 발생하는 많은 문제를 함께 해결해나갈 뿐입니다.

아이 때문에 참고 살았습니다

A 우리는 소통이 전혀 안 돼요. 나라는 존재가 무시당하고 사라지는 기분이에요. 아이가 성인이 되면 이혼하리라 다짐했죠. 아이에게 상처가 될까 미안했고 세상이 두려웠어요.

B 나 자신만 생각하면 배우자와 엮이고 싶지 않은 게 솔직한 마음인데, 나로 인해 가정이 붕괴되고 아이가 상처받고 또 이혼 자녀라는 주홍글씨가 새겨질까 봐 두렵습니다.

C 아이가 한창 발달할 시기이고 엄마 손길이 필요한 나이인데 저 때문에 발달이 지체되거나 정서적으로 결핍을 느끼게 될까 봐 걱정됩니다.

D 이혼한 가정의 아이와는 못 놀게 하겠다는 친구의 말에 이혼을 결정하지 못했습니다.

E 다른 사람과의 관계에서 나처럼 착한 사람 콤플렉스에 빠져 있는 딸을 발견했어요. 나랑 비슷하게 되는 것 같아 너무 충격이었어요.

F 남편이 내게 폭언하는 걸 보더니 아이가 나한테 "엄마가 잘못한 게 있으니까 생각해봐"라고 하더군요.

G 애들도 제가 엄마 역할을 잘 못한다고 말해요. 다른 엄마들도 일하고 집에 와 밥하고 청소한다면서 엄마가 치우라고 해요. 아이들에게 항상 죄스러운 마음, 미안한 마음이 듭니다.

H 아이들에게 말할 용기가 없어서 아직 이혼을 못하고 있어요. 부모의 불화가 아이들에게 더 좋지 않은 영향을 준다는 걸 알면서도 결단을 못내리겠어요.

이 세상에 쉽게 이혼을 결정하는 사람은 없습니다. 특히 자녀가 있는 부부는 아무리 힘든 상황이어도 이혼을 결정하지 못합니다. 그 이유는 대부분 두 가지입니다. 첫째는 자녀에게 상처가 되는 것, 둘째는 이혼 후의 삶에 대한 두려움 때문입니다.

우리 민법은 이혼에 있어서 파탄주의를 취하고 있습니다. 파탄주의란 혼인관계가 사실상 회복될 수 없을 만큼 파탄이 났다면 어느 배우자에게도 책임을 묻지 않고 이혼을 허용하는 것입니다. 여기서의 파탄은 부부관계의 파탄을 말하는 것이지 자녀관계의 파탄을 의미하는 게 아닙니다. 그런데도 우리는 왜 자녀 때문에 이혼하지 못할까요?

A, B, C, D, E의 가정은 모두 이미 회복할 수 없을 정도로 파탄이 났습니다. 하지만 모두 자녀를 걱정하며 이혼을 결정하지 못합니다. 과연 이런 걱정이 합당할까요? 이혼을 하지 않는다고 이런 걱정이 해결될까요?

A, B, C, D는 각각 아이가 상처를 받을까 봐 미안해서, 이혼 자녀라는 주홍글씨가 새겨질까 봐 두려워서, 아이가 정서적으로 결핍을 느낄까 봐, 자기 아이를 이혼 가정의 자녀와 못 놀게 하겠다는 친구의 말 때문에 이혼을 하지 못하고 있습니다. 가정이 파탄 났는데도 이와 유사한 걱정과 근심으로 이혼하지 못하고 살아온 사람들의 말을 들어보겠습니다.

E는 아빠 없는 아이라는 소리를 듣지 않게 하기 위해

잘못된 것을 잘못되었다고 이야기하지 않고 모든 것을 인내하며 결혼생활을 유지했습니다. 딸은 어엿한 대학생이 되었습니다.

어느 날 그녀는 딸의 책상을 정리하다가 딸이 자신처럼 착한 사람 콤플렉스에 빠져 친구와의 관계에서 고통받고 있다는 사실을 알게 되었습니다. 그녀는 순간 자신이 희생하며 살아온 이유가 오로지 딸을 위해서였는데, 도대체 자신이 무슨 짓을 한 것인가 하는 두려운 생각마저 들었습니다.

F는 항상 권위적인 남편에게 주눅 들어 있었습니다. 그녀는 항상 남편에게 혼이 났습니다. 그래도 어린 아들을 위해서 참았습니다. 한번은 가족끼리 외출을 하고 온 뒤 주차를 하고 있었습니다. 여느 때처럼 그녀는 이유 없이 남편에게 폭언을 들어야 했습니다. 뒷좌석에는 어린 아들이 타고 있었습니다. 아들은 망연자실한 엄마에게 '엄마가 잘못한 게 있으니까 생각해봐' 하더니 차에서 내려 아빠를 따라 가버렸습니다.

아직 사리분별이 없는 어린 아이의 눈에 비친 엄마는 매일 혼나는 엄마, 잘못하는 엄마였습니다. 그러니 이번에도 엄마가 잘못해서 아빠가 화를 내는 거라고 생각하는 것입니다.

G 역시 별반 다르지 않습니다. 사리에 맞게 문제 제기를 하지도 않고, 언제나 잘못했다고 말하는 엄마의 모습에 익숙한 아이들은 엄마를 항상 문제를 일으키는 사람 정도로 인식합니다.

맞벌이 부부인 그녀가 퇴근 후 난장판이 되어 있는 자녀들의 방을 보고 아이들에게 치우라고 했습니다. 그러자 아이들은 오히려 '다른 엄마들도 일하고 집에 와서 밥하고 청소해요. 엄마가 치우세요'라고 되받아칩니다. 이 말은 아빠가 항상 엄마를 무시하면서 했던 말이었습니다.

이 가정에서 G의 역할은 무엇일까요? 그렇게 지키고 싶어 했던 가정에 그녀의 자리는 없습니다. 그럼에도 불구하고 그녀는 자녀들에게 죄스러운 마음뿐입니다. 하지만 지금 제일 불쌍한 것은 바로 그녀 자신입니다.

모든 일에는 일장일단이 있습니다. 자녀에게 가장 좋은 부모는 건강하게 바로 서서 자신의 인생을 살아가는 부모입니다. 사실 아이 때문에 참고 산다는 것은 회피입니다. 지금의 불화를 직면해 무언가를 결정해야 하는 중압감으로부터의 회피, 이혼 후에 맞서야 할 두려움으로부터의 회피입니다.

그리고 자신의 회피를 정당화하기 위해 여러 가지 공포를 만들어냅니다. 이혼 후의 주홍 글씨, 아이의 결핍, 더 나아가 자신의 자녀를 이혼 가정의 아이와 못 놀게 하겠다는 친구의 상상까지 동원합니다.

혹여나 이혼을 결정하는 데 자녀의 의사가 결정적인 요소로 작용해서는 안 됩니다. 아이들은 아직 사리분별력이 없을 뿐만 아니라 이기적입니다. 아이의 의사를 묻고 이에 따라 이혼을 결정한다는 것은 그저 책임을 회피하겠다는 것에 불과합니다.

물과 불도 구분할 줄 모르는 어린 자녀에게 인생의 중대한 선택권을 준다는 것은 그에 따른 결과도 그 아이에게 묻겠다는 말밖에 되지 않습니다. 또한 아이들은 이기적이기 때문에 이혼의 토대가 된 엄마 아빠의 문제에 초점을 맞추지 못하고(사실 그럴 만한 통찰력도 없습니다), 그저 자신에게 가장 좋은 환경을 선택할 뿐입니다.

나이가 어린 자녀일수록 이런 모습은 더욱 두드러집니다. '내가 그때 이혼하지 않은 건 너 때문이야', '내가 너 때문에 얼마나 고통스럽게 살았는데.' 부모로서 이보다 더 무책임한 말은 없습니다.

공자는 "원래 사람의 습성은 서로 비슷한데 자라면서

무엇을 익히느냐에 따라 서로 멀어진다"고 말했습니다(性相近也 習相遠也, 성상근야 습상원야).

이처럼 사람은 어쩔 수 없이 주변 환경의 영향을 받으며 성장하고 발전하게 되는데, 나 스스로 좋은 환경에 머물기를 선택하지 않으면 나는 좋은 사람이 될 수 없습니다. 그런 면에서 '부모의 불화가 아이들에게 더 좋지 않은 영향을 준다는' H의 고민은 현실적입니다.

가정은 자녀가 성장해나가는 밑거름입니다. 자녀는 건강한 가정 안에서 자기만의 인격을 형성해나가고 세상을 바라보는 옳은 기준을 세웁니다. 그리고 성인이 되었을 때 세상을 향해 나아갈 수 있습니다.

부모의 부모다움은 타인인 자식에 대한 자애(慈愛)입니다. 과연 무엇이 내 자녀를 건강하게 사랑하는 것인지를 생각해보십시오. 아이 때문에 참고 산다는 것은 이혼 후의 삶에 대한 두려움과 변화를 회피하기 위한 수단입니다. 지금 내가 지키고자 하는 가정은 건강한 모습인지, 나는 어떤 사람이고, 자녀의 눈에 비친 나는 제대로 서 있는 부모인지를 고민하십시오.

연애 때부터 저는 가스라이팅을 당했어요

진실인 것은 하나도 없었어요. 자신을 믿어야 해요.

당신 인생은 이제부터 당신에게 달렸어요.

— 영화 〈가스등〉 중 브라이언의 대사

요즘 '가스라이팅'이라는 말을 자주 듣습니다. 상담자들도 "저는 연애할 때부터 결혼생활 내내 가스라이팅을 당했어요"라고 이야기하곤 합니다.

가스라이팅은 무슨 뜻일까요? 가스라이팅의 사전적 의미는 '타인의 심리나 상황을 교묘하게 조작해 그 사람이 스스로 의심하게 만듦으로써 타인에 대한 지배력을 강화

하는 행위'입니다. 원래 가스라이팅은 1938년 연극 〈가스등(Gas Light)〉에서 유래된 말입니다. 가스라이팅의 핵심은 '스스로를 의심하게 만드는 것'입니다. 스스로를 의심하게 된 사람은 그 어떤 선택과 결정도 할 수 없게 되어 결국 누군가에게 의존할 수밖에 없기 때문입니다.

그런데 가스라이팅은 당하는 것이기만 할까요? 조지 큐커 감독에 의해 영화로 만들어진 〈가스등〉의 주인공 폴라는 오히려 자발적으로 가스라이팅을 선택한 경우라고 생각합니다. 폴라는 갑자기 자기 일상에 찾아와 밑도 끝도 없이 사랑한다고 말하는 그레고리와 사랑에 빠집니다.

결국 폴라는 자신이 그레고리를 사랑하는지에 대한 확신도 없이 저돌적으로 대시하는 그레고리에게 넘어가 결혼을 결정하고 맙니다. 폴라는 고등교육을 받았고 막대한 유산을 상속받은 결혼 적령기의 여성이라는 외적 조건에 부합할 만한 내적 성찰이 전혀 없는 사람이었습니다.

폴라는 사람의 됨됨이를 전혀 알아볼 줄 모르는 그저 착하고 순진한 어린아이와 다르지 않았습니다. 그런 폴라가 배우자를 선택하는 기준은 그저 '나를 사랑해주는 사람'이었습니다.

아마 폴라는 그레고리가 아니더라도 자신을 사랑해주

는 사람이면 그 누구와도 결혼을 했을 것입니다. 폴라는 이미 스스로를 가스라이팅 하고 있던 것입니다.

폴라는 자기 스스로 믿음직한 그레고리의 환상을 만들고 이 사람에게 의존하기로 결정합니다. 폴라가 그런 결정을 한 이유는 그것이 자기에게 가장 편안함을 주기 때문입니다. 특히나 사랑하는 이모를 끔찍한 사고로 잃고 상처입은 폴라로서는 더더욱 그렇습니다. 그레고리가 어떤 사람인지 알아보는 것은 힘든 일입니다.

사람을 평가하는 것은 그 사람을 의심하라는 뜻이 아닙니다. 평가의 핵심은 관찰에 있습니다. 관찰은 '의문(疑問)'을 전제로 합니다. 즉 문제 제기를 하고 그 사람의 말과 그 말에 맞는 행동이 있는지를 살피며 문제의 답을 찾아가는 과정입니다. 하지만 착한 폴라는 '의문'을 '의심'이라 생각하고 그레고리를 전혀 관찰하지 않습니다.

그레고리가 폴라에게 한 가스라이팅은 사소한 것의 반복이었습니다. "당신 건망증이 심하잖아", "당신 잘 잃어버리잖아", "당신 몽유병이 있잖아", "당신이 그렇게 말한 적이 없는데?", "그런 일은 없었어, 당신이 꿈을 꾼 모양이야"라는 말을 반복적으로 듣게 된 폴라는 자신에게 정신병이

있다고 믿게 되었고, 스스로의 판단에 자신이 없던 그녀는
철저하게 자신을 외부와 단절시켜버립니다.

이런 폴라를 구해준 사람은 경찰 브라이언이었습니다.
그가 폴라의 가스라이팅을 깨는 방법은 의외로 간단했습
니다. 바로 '인정'이었습니다. "당신 말이 맞아요. 가스등이
조금씩 어두워지네요." 이 한마디로 인해 폴라는 자신이
제기했던 문제들이 정당한 것임을 깨닫게 됩니다. 자신의
말을, 자신의 판단을 믿어준 브라이언 덕분에 폴라는 아
주 쉽게 가스라이팅에서 벗어나게 됩니다. 이제 폴라도 드
디어 자기의 판단을 믿을 수 있게 된 것입니다.

브라이언의 말처럼 폴라의 인생은 이제부터 그녀에게
달렸습니다. 그전까지의 거짓된 삶은 그레고리의 강력한
가스라이팅 때문이었다 하더라도 이제부터의 삶은 그녀에
게 달린 것입니다. 폴라는 다행히도 모든 것을 깨닫고 마
지막까지 자신을 향해 가스라이팅을 시전하는 그레고리
를 향해 외칩니다.

내가 안 미쳤더라면 불쌍해서 도와줬을 거예요.

미쳤기 때문에 당신을 증오해.

미쳤기 때문에 배신하고,

미쳤기 때문에 조금의 가여움이나

이제 폴라는 잡혀가는 그레고리에게 일말의 동정심도 보이지 않습니다. 그것이 사리에 맞는 행동이기 때문입니다. 사리에 맞지 않는 착함은 경멸스러울 뿐입니다.

폴라는 더 나아가 자신이 미쳤다는 것을 인정합니다. 미쳤다는 것은 그레고리의 입장에서 본 폴라의 모습입니다. 폴라가 그레고리의 프레임 속에서 자신이 미쳤다는 것을 자각하고 인정한 순간 비로소 그녀는 미치지 않을 수 있게 된 것입니다.

아무리 가스라이팅이 철저하게 계획되고 교묘하게 반복된다 하더라도 마찬가지입니다. 실제로 '가스라이팅을 당했어요'라고 말하는 상담자들과 이야기를 나누다 보면 대부분의 경우 일찌감치 문제점을 알고 있었습니다. 그런데도 '에이 설마', '저 말이 맞겠지' 등의 태도로 문제를 회피해왔던 것입니다.

사리에 맞게 생각하는 힘을 기르십시오. 내가 나의 생각을 믿지 못할 때 가스라이팅은 시작됩니다. 여러분의 인생은 애초부터 여러분에게 달려 있습니다.

폴라는 왜 가스라이팅 당하기로 선택했는가?

영화 <가스등>(1944)

장소는 런던. 세계적인 오페라 가수 앨리스 엘퀴스트가 자신의 집에서 살해되는 사건이 발생합니다. 안타깝게도 범인은 잡히지 않았고 사건은 오리무중에 빠집니다. 그녀의 막대한 유산을 물려받게 된 조카 폴라는 사랑하는 이모의 비극적인 죽음으로 극심한 트라우마에 시달립니다.

이모처럼 음악적 재능을 가지고 있던 폴라는 끔찍한 사고가 있었던 런던을 떠나 이탈리아에서 성악 수업을 받게 됩니다. 그러던 중 폴라는 피아노 반주자인 그레고리를 만나 사랑에 빠지고, 그렇게 꿈꾸던 성악 공부를 그만둡니다.

가난한 그레고리는 런던에서 사는 것이 오랜 꿈이었고 폴라는 그를 위해 이모가 살해당한 런던의 그 집으로 돌아가기로 결정합니다. 사실 그레고리는 바로 앨리스 엘퀴스트를 살해한 살인범이었습니다. 그레고리는 앨리스 엘퀴스트를 살해했으나 그녀가 생전에 선물로 받았던 값비싼 보석을 찾는 데 실패했습니다.

그는 그 보석을 찾기 위해 그녀가 살던 런던 집으로 들어갈 필요가 있었고, 가장 자연스럽게 그 집으로 들어가기 위해서는 그 집의 상속자인 폴라와의 결혼이 최선의 방법이었습니다. 그레고리는 처음부터 의도적으로 폴라에게 접근했던 것입니다.

계획대로 폴라와 결혼하고 런던의 그 집으로 이사한 그레고리는 본격적으로 폴라에 대한 가스라이팅을 시작합니다. 그레고리는 보석을 찾기 위해 매일 밤 몰래 다락방으로 건너가 앨리스 엘퀴스트의 유품을 뒤졌습니다.

그가 다락방에서 가스등을 사용하는 동안 집 안의 가스등은 자연스럽게 희미해집니다. 아무것도 모르는 폴라가 집 안이 어둡지 않느냐고, 집에 누군가 있는 게 아니냐고

묻지만 그레고리와 하녀는 "전혀 그렇지 않다"고 이야기하며 오히려 폴라를 미친 사람으로 몰아갑니다.

이런 일이 반복되자 폴라는 자기가 정말 미친 것은 아닌지 의심하게 되고, 점점 더 그레고리에게 의존해 혼자서는 아무것도 할 수 없는 상태에 이르게 됩니다. 영화에서는 자신의 내적 기준도 없고, 사람의 됨됨이를 알아보는 능력도 없는 폴라의 모습이 다음과 같이 그려집니다.

1. 그레고리와 사랑에 빠져 꿈을 포기하는 폴라

폴라는 사랑에 빠졌다는 이유로 그렇게 좋아하고 재능 있던 음악 공부를 그만둡니다. 삶에 대한 폴라의 철학은 무엇이고 폴라는 왜 사는 것일까요?

폴라: 모든 것의 의미를 잃었어요.

그렇게 사랑하던 음악마저도요.

2. 결혼을 재촉하는 그레고리와 의심하는 폴라

폴라는 만난 지 2주 만에 청혼하는 그레고리를 보고 의심합니다.

그레고리: 왜 아직도 망설이지?

폴라: 전 당신을 전혀 몰라요.

그레고리: 나도 그렇지만 결혼하고 싶어. 두려워?

　　　　당신을 얼마나 기다려왔는데.

폴라: 만난 지 2주밖에 안 됐잖아요.

그레고리: 난 평생을 기다려온 거야.

3. 폴라의 생각을 방해하는 그레고리와 결국 생각을 포기하게
　되는 폴라

그레고리는 만난 지 2주 만에 폴라에게 청혼했고, 그의 청혼을 받아들여야 할지 생각할 시간을 갖기 위해 폴라는 혼자 여행을 갑니다. 하지만 그레고리는 폴라가 행여나 다른 생각을 하게 될까 몰래 뒤따릅니다. 폴라는 자신의 의견을 무시하고 여행지까지 따라온 그레고리를 단호하게 끊어내지 않을 뿐더러 오히려 반깁니다. 그러고는 조금이나마 남아 있던 의심을 지우고 모든 것이 사랑이자 운명이라고 생각해버립니다. 그리고 결혼은 일사천리로 진행됩니다.

4. 불편한 주변의 시선과 환경으로부터 도망치기로 결정하는 폴라

폴라는 기차 안에서 만난 낯선 할머니가 자신의 이모인 앨리스 엘퀴스트의 살인 사건에 대해 언급하자 갑자기 기분

이 상해 두려움을 느낍니다. 정상적인 판단이 흐려진 폴라는 느닷없이 여행지에 나타난 그레고리를 이상하게 생각하기는커녕 구세주로 생각하며 반깁니다. 그레고리의 행동은 사리에 맞지 않지만 폴라는 그저 자신의 두려움으로부터 회피하고자 했고, 그레고리를 그 안식처로 생각하기 시작합니다.

5. 무리한 요구

그레고리는 폴라에게 광장이 있는 런던의 저택에서 사는 것이 어릴 적부터 소원이었다고 말합니다. 폴라는 자신의 이모가 살해된 그 집에 가고 싶지 않았지만 그런 사실을 입 밖에 내는 것조차 두렵습니다. 그레고리가 끊임없이 재촉하자 폴라는 그레고리를 기쁘게 해주고 싶다는 일념으로 런던 집으로의 이사를 결정해버립니다.

6. 폴라, 스스로를 의심하기 시작하다

그레고리: 당신은 잘 잃어버리잖아.

폴라: 제가요? 몰랐는데요.

그레고리: 별일 아냐, 요즘 당신에게… 건망증이 생긴 것 같아.

물건을 자주 잃어버린다거나.

이혼하는 것이
맞는지 두려워요

A 나는 과연 잘못한 게 단 1퍼센트도 없는지 고민했어요. 후회
가 없을 때 이혼하고 싶었어요.

B 죄의 경중을 따진다면 저도 잘못한 게 있으니까 참고 살아
야 하는 걸까요?

C 현재 몸과 마음이 많이 망가져 있는 상태인데 이혼을 하는
게 맞는지 두렵습니다.

D 서로 가정을 깰 용기가 없어서 그저 서로를 벌레 보듯하며
살고 있습니다.

이혼 상담은 결국 인생 상담입니다. 자라온 환경과 연애 이야기, 배우자를 선택하게 된 계기, 신혼 때는 어땠으며 결혼생활은 어땠는지, 그리고 이혼을 고민하게 된 계기를 천천히 들여다봅니다. 상담자와 함께 이야기를 나누다 보면 이혼의 타이밍이 보입니다. 많은 분들이 이혼의 타이밍을 놓치고 '그때 이혼을 했어야 했는데', '이때라도 했어야 했는데'라며 후회합니다.

놀랍게도 결혼할 때부터 이혼이 예정된 커플이 많습니다. 결혼식 전날 막무가내로 결혼식을 취소하라는 시어머니에게 무릎 꿇고 빌며 결혼식을 치러내거나, 부모님에게 불효를 하는 것 같아 차마 파혼 이야기를 꺼내지 못하고 결혼하는 사람들이 그런 경우입니다.

사람들은 왜 이렇게 울며 겨자 먹기로 호랑이 등에 올라탈까요? 그렇게 호랑이 등에 올라타고 나면 이제는 그 등에서 떨어지지 않으려고 안간힘을 쓰며 위태로운 결혼생활을 시작하게 됩니다.

이혼은 신속하게 하는 것입니다. 그 타이밍을 놓치면 놓칠수록 조건은 점점 더 나빠집니다. 아이가 하나 둘 생기고, 경력은 단절되고, 여러분은 한 해 한 해 늙어갑니다.

시간이 지날수록 이혼은 점점 명확해지는데 선택의 폭은 좁아져만 갑니다.

C가 바로 그런 경우입니다. 몸과 마음이 무너진 상태의 그녀는 이혼을 선택할 힘도 없습니다. 이혼은 곧 새로운 시작이기 때문에 실패를 극복하고 새로운 시도를 할 수 있는 에너지가 필요합니다. 이혼을 계속 미룬 그녀는 이제 자유롭게 이혼을 선택할 수 없는 처지에 놓이고 말았습니다.

가끔 A와 B처럼 서로의 잘잘못을 따지는 경우가 있습니다. A는 자신의 잘못이 단 1퍼센트도 없을 때를 이혼의 타이밍이라고 생각하고 남편의 폭력과 폭언을 견디기로 했습니다. B는 나도 잘못한 게 있으니 남편의 무도함을 그냥 참기로 합니다.

A와 B의 무의식 저편에는 '이왕 결혼했으니 그냥 살지 뭐', '결혼생활이 다 그렇지', '그래도 없는 것보다 있는 게 낫겠지', '그놈이 그놈이야', '아이가 있으니 참고 살아야지' 등의 수많은 표어들이 깔려 있습니다. 이런 근거 없는 말들은 결혼생활을 유지시키기 위한 사회적 장치입니다.

정말 결혼생활이 모두 그렇다고 생각하십니까? 사람들은 이혼하지 않기 위한 명제를 만들어내고 스스로를 납득시킵니다. 거듭 강조하지만 결혼의 본질은 애정과 신뢰입니다. 이 두 가지가 없다면 결혼생활을 유지할 수도, 유지할 필요도 없습니다. 결혼은 인내력을 겨루는 장이 아닙니다.

혹시 내가 열심히 하면 상대방이 변할 거라는 생각으로 헛된 노력을 하고 있나요? 안타깝게도 모든 사람이 변하는 것은 아닙니다. 그렇다면 여러분은 노력을 쏟아 붓기 전에 상대방이 변할 수 있는 사람인지 아닌지, 먼저 그 자질부터 살펴야 합니다.

여러분의 시간, 노력, 에너지는 한정되어 있습니다. 나의 소중한 자산을 상대방에게 투자한다면 마땅히 그에 상응하는 결과가 있어야 합니다.

공자는 "썩은 나무는 조각할 수 없고, 똥이 섞인 흙으로 빚은 담장은 손질할 수 없다"고 했습니다.

朽木不可雕也, 糞土之牆不可杇也

후목불가조야, 분토지장불가오야

여러분의 배우자가 썩은 나무이거나, 똥 섞인 흙으로 빚은 담장이라고 판단된다면 그냥 버리십시오. 고칠 수 없습니다.

그런데 여기서 문제는 스스로가 자기의 판단을 믿지 못한다는 데 있습니다. 여러분이 문제가 있다고 생각하면 문제가 있는 것입니다. 항상 '내가 너무 예민한가?'라며 자신의 의문과 문제 제기를 애써 묻어두는 사람이 있습니다.

생각하기를 포기하지 말고 끊임없이 상대방을 살피십시오. 이혼의 타이밍을 잘 포착하는 것이 여러분과 자녀의 삶이 수렁에 빠지지 않도록 하는 것입니다. 지금이 바로 여러분이 놓치고 있는 또 한 번의 이혼 타이밍일 수 있습니다.

이혼보다는 졸혼을
선택하고 싶어요

A 이혼하고 싶은데 이혼 이후의 과정이 벅차요. 아이들 보기도 그렇고… 차선책이 졸혼인 것 같아요.

B 결혼생활 24년 동안 외부적인 문제는 없는 것처럼 보이지만 더 이상 이런 패턴으로 같이 살 수는 없을 것 같아요.

C 거의 졸혼 상태인데요. 법적으로는 이혼하지 않으면서 경제적으로 완전히 독립할 수 있는 방법이 궁금합니다.

D 남편이 성격상 애정 표현을 잘 못하는 사람이라고 생각하고 결혼생활 내내 허전하고 외로워도 참으면서 노년은 평화롭

졸혼(卒婚)이란 '결혼을 졸업한다'는 뜻으로 이혼하지
않고 혼인관계는 그대로 유지하되 남편과 아내로서의 의
무와 책임에서 벗어나 각자의 여생을 자유롭게 사는 것을
말합니다. 보통 졸혼은 노년 부부가 황혼 이혼 대신 선택
하는 것으로 알지만 요즘은 중년 부부도 심심치 않게 졸
혼을 선택합니다.

부부가 가정생활에 만족하는 경우는 얼마나 될까요?
우리나라 가정의 대부분은 자녀가 그 중심에 있습니다. 어
떤 경우는 부부 간에 눈곱만큼의 애정도 남아 있지 않기
도 합니다. 그런데 이렇게 빈껍데기만 남았어도 대부분은
이혼을 선택하지 않고 가정을 유지합니다. 왜 그럴까요?

그 이유는 그래도 이혼하지 않는 지금의 삶이 안정적
이라고 느끼기 때문입니다. 이혼은 실패이자 새로운 시작
이기 때문에 삶의 큰 변곡점입니다. 모든 것이 두렵고 불안
정합니다. 하지만 별거나 졸혼은 외부에서 보았을 때 그다
지 큰 변화가 없기 때문에 충격도 거의 없습니다. 이미 가

정이 파탄 났지만 이혼 후의 불안정한 삶, 외부적인 시선 그리고 자녀들 걱정에 차마 이혼을 선택하지 못하고 차선책으로 졸혼을 선택한 A가 그 대표적인 경우입니다.

B의 24년간의 결혼생활은 남들이 보기에 아무 문제가 없어 보였지만 부부관계는 쌓이고 쌓인 문제들로 악취가 날 만큼 부패해 있습니다. 이 상태로는 더 이상 함께 살기 힘듭니다. 이제 B는 이혼과 졸혼 중에 선택해야 합니다.

그런데 이혼과 졸혼의 가장 큰 차이점은 무엇일까요? 그것은 바로 문제의 해결과 회피에 있습니다. 우선 가정생활이 불만족스럽고 고통스러운 것은 가정을 이루고 있는 부부 또는 자녀와의 관계에 문제가 발생했기 때문입니다. 그런데 그 문제가 해결되지 않고 쌓이면서 참을 수 없는 지경에까지 이른 것입니다.

이혼이 그 문제를 강제로 수면 위로 끌어올려 결론을 내는 것이라면, 졸혼은 서로의 동의하에 문제를 회피하는 것입니다. 이혼의 경우 소장, 준비 서면, 답변서 등을 통해 강제로 대화를 하게 되고 그 과정에서 유책, 기여도, 재산관계가 명확하게 판가름 납니다. 물론 그 결과가 사실인지, 승복할 수 있는지는 별개의 문제이지만 말입니다. 졸혼은 그냥 지금의 문제를 계속 덮어두고 서로 언급하지 않기로 하는 것입니다.

이미 가정이 파탄 난 부부가 굳이 졸혼을 차선책으로 선택하는 이유는 무엇일까요? 그것은 바로 법률혼에 대해 민법이 규정해놓은 권리와 의무를 변경하기 위해서입니다. 민법상 부부에게는 동거·부양·협조·정조 의무와 일상가사대리권이 강제적으로 인정됩니다.

이런 상황에서 한쪽이 가출을 한다면 동거 의무 위반이 되고, 상대 배우자는 동거 심판 청구 및 위자료 청구 등을 할 수 있습니다. 졸혼은 이런 법률상의 동거·부양·협조·정조 의무를 서로 부담하지 않겠다는 또 하나의 계약인 것입니다.

따라서 나중에 의무 위반으로 소송을 당하지 않기 위해서는 두 사람이 졸혼의 시점을 계기로 법률상 의무에서 해방된다는 점을 명확히 해야 합니다. 이것이 바로 졸혼 계약서입니다. 하지만 당사자 간의 계약으로도 법률상의 배우자의 상속을 변경할 수는 없습니다.

이와 같이 졸혼은 합의이기 때문에 남편이나 아내의 일방적인 졸혼 선언으로는 민법상의 의무에서 벗어날 수 없습니다. C의 해결책은 배우자와 제대로 된 졸혼 계약서를 쓰는 것입니다.

D는 남편과 화목하지 않고 결혼생활 내내 외로웠지만 아이들을 잘 키웠고 무난한 가정이라고 생각했습니다. '사는 게 다 똑같지'라고 스스로를 위로하며, '그래도 노년은 남편과 안락하게 지낼 수 있겠지'라는 희망 하나로 버텨왔습니다.

하지만 남편은 그녀의 희망을 무참히 무너뜨렸고, 어느 날 갑자기 자유롭게 살고 싶다며 졸혼을 선언하고 집을 나가버렸습니다. 그녀는 이혼도 원하지 않고 졸혼도 원하지 않습니다. 어떻게 해야 할까요?

D에게는 세 가지 선택이 가능합니다. 첫째는, 남편의 일방적인 가출과 졸혼 선언을 이유로 이혼소송을 제기하는 것입니다.

둘째는, 집을 나간 남편을 상대로 동거 심판 청구를 하고, 부양료 등을 청구하는 것입니다. 하지만 그런다고 해도 이미 마음이 떠나버린 남편을 집으로 돌아오게 할 수는 없습니다.

셋째는, 그나마 유리한 조건으로 남편과 졸혼 계약서를 체결하는 것입니다. 졸혼 계약서에는 재산 분할에 관한 사항도 반드시 반영되어야 합니다.

별거나 졸혼은 이혼의 혼란과 두려움을 완화할 수 있다는 점에서 분명히 이혼의 차선책이 될 수 있습니다. 하지만 별거나 졸혼의 본질은 문제의 회피이므로 그렇게 희망하던 새로운 삶을 시작하기에는 한계가 있습니다.

졸혼하면 자유롭게 살 수 있을 거라는 생각은 자기기만에 불과합니다. 당사자 간의 합의로 각종 의무에서 벗어날 수는 있지만, 법률혼의 구속에서는 영원히 벗어날 수 없습니다. 상실이 없는 새로운 시작은 불가능합니다.

3

이혼 후
유쾌하게

나를 세워라

삶의 척도는
나에게서 나와야 한다

북극성이 마땅히

있어야 할 자리에 있으면

다른 별들은

자연스럽게 그곳으로 향한다.

—공자, 『논어』

주변에서 다들 말해요
그럴 거면 왜 결혼했냐고

A 신부님이 "그러면 결혼을 왜 했어요? 그럴 거면 결혼하지 말았어야지"라고 했어요.

B 판사님이 "어떻게 애 엄마가 애를 못 키우겠다고 하냐"며 혼을 냈어요.

C 그런 거 모르고 결혼했냐며 호통을 치더라고요.

30대 중반, 삶에 대한 통찰 없이 성공했다는 착각과 함께 시작된 '여자의 일생'으로 고통스러운 나날을 보내던 저는 결국 무너져 내렸습니다.

그 당시 저는 충남 계룡에 있는 육군본부 법무실에 근무하고 있었습니다. 극심한 우울증에 시달렸고, 일 때문에 가족들과 떨어져 혼자 생활하는 환경은 저를 더욱 힘들게 만들었습니다. 인생의 실패를 만회할 길이 없다는 생각, 모든 게 끝났다는 생각에 생사를 넘나드는 고통을 느꼈지만 정작 이혼에 대해서는 생각하지 못했습니다.

제가 근무하던 법무실 바로 옆은 군종실이어서 복도에서 종종 신부님들과 마주쳤습니다. 냉담 중이긴 했지만 천주교 신자였던 저는 어느 날 생면부지의 신부님께 상담을 요청했습니다. 천주교 신자여서 그랬는지 신부님과는 개인적 친분이 없더라도 왠지 모를 공감대가 있었기 때문입니다.

그렇게 저는 군종실 옆 상담실에서 신부님과 단둘이 상담을 하게 되었습니다. 당시 제 고민의 대부분은 결혼생활에 있었습니다. 결혼생활 속에서 '나'라는 사람을 찾을 수 없는 끝 없는 공허함, 심연의 나락으로 떨어지는 느낌에 대해 짧게 설명을 드렸습니다. 신부님은 아주 간결하게 이렇게 말씀해주셨습니다.

"그러면 결혼을 왜 했어요? 그럴 거면 결혼하지 말았

어야지.”

저는 더 이상 할 말이 없었습니다. 신부님의 말은 대화를 하지 않겠다는 뜻이었습니다. 바꿀 수 있는 것은 없다, 원래 결혼은 그런 것이다, 결혼한 사람이 자기를 찾으려고 하는 것부터가 잘못이다, 결혼이 그런 건 줄 몰랐느냐… 신부님이 제게 해준 말에는 해결책이 없었습니다. 그저 과거에 제가 한 선택에 대한 비난과 지금 받고 있는 고통에 대한 경멸만이 있을 뿐이었습니다.

저는 계속 이런 삶을 유지해야 하고, 이 고통에서 헤어나올 방법은 없었습니다. 아니 그것을 고통으로 생각하는 제 자신이 이상한 것이었습니다. 신부님의 말에 의하면 제가 심각하다고 생각하는 현재 상황은 전혀 문제가 아니고, 해결할 필요도 해결할 수도 없는 것이었습니다. 그리고 신부님은 황급히 나가버렸습니다.

그때 제가 정상적인 상태였다면 신부님의 말은 저한테 아무런 영향을 미치지 않았을 것입니다. ‘성직자가 어떻게 저렇게 생각할 수 있을까?’ 그저 놀라고 이상한 사람이라고 치부하고 말았을 것입니다. 아니 애초에 상담조차 하지 않았을 것입니다.

하지만 불행하게도 당시 저는 나락으로 떨어져 있는

상태였습니다. 정상적인 사고가 불가능할 정도였는데, 성직자로서 존경하는 신부님이 저를 맹비난한 것입니다. 아마도 당시 그 신부님은 무척 바빴던 것 같습니다. 그래서 대충 대답하다 보니 자신이 무슨 말을 하는지도 몰랐던 것이 분명합니다.

아무튼 저는 그 신부님의 한마디로 인해 이혼에 대한 생각을 더욱 하지 못하게 되었습니다. 물론 시간이 흐른 뒤 이혼이 곧 해결책이라는 사실을 깨닫고 스스로 선택하게 되었지만 말입니다.

우리는 권위에 복종하려는 경향이 있습니다. 그 권위는 다양합니다. 국가, 종교 지도자, 부모님, 선생님, 통계 수치, 신문 기사 등은 객관적이며 나보다 뛰어날 거라고 믿어 버립니다. 특히 매우 어려운 선택을 해야 하는 순간에 우리는 이런 외부적인 권위에 쉽게 굴복당하곤 합니다. 바로 자기기만이자 스스로에 대한 가스라이팅입니다.

도대체 왜 그럴까요? 그렇게 하는 게 편하기 때문입니다. '그럴 거면 결혼을 왜 했냐?'는 말에 '맞아, 권위 있고 통찰력 있는 분의 말씀이 옳아', '이혼이라는 생각은 나쁜 거야', '내가 더 노력하면 돼'라고 복종했다면 그것은 내가 그렇게 하는 것이 좋고 편해서 한 선택입니다.

이혼은 복잡합니다. 당장 대화가 되지도 않는 상대방과 대화를 시도해야 하고, 복잡하고 두렵고 걱정스러운 절차도 거쳐야 합니다. 누구나 하기 싫고 두려운 과정입니다. 그래서 권위라는 힘을 앞세워 나 자신을 복종시키고자 하는 것입니다.

고통스럽기는 해도 이미 익숙해진 고통 속에서 현상을 유지하는 것은 편합니다. 하지만 이혼은 새로운 고통입니다. 똑같은 고통이지만 새로운 고통은 낯설고 두렵기까지 합니다. 그것은 도전입니다. 이혼은 끝이 아니기 때문에 이혼 후에 펼쳐질 삶에 대한 도전이 필요합니다.

그 무섭고 싫은 도전을 안 하기 위해서는 근거가 필요합니다. 배우자가 외도를 하는데도 이혼을 하지 않을 수 있는 이유, 나를 설득시키고 다른 사람도 설득시킬 근거가 필요합니다. 이때 많은 사람들이 '이혼 가정 자녀는 불행하다'는 통계를 앞세웁니다.

여러분의 삶이 바닥까지 떨어져 있을 때 나를 비난할 뿐만 아니라, 미래에 대해 아무런 대안도 제시해주지 못하는 권위 따위는 그냥 버리십시오. 헛소리에 불과합니다. 영향받지 마십시오. 그리고 문제를 회피하지 마십시오. 스스로 생각하고 선택하십시오. 모든 문제는 해결책이 있습니다. 해결책이 없는 문제는 있을 수 없습니다.

그러니 모든 선택의 가능성을 열어놓고 함부로 죄책감에 빠지지 마십시오. 모든 권위에서 자유로워지십시오. 그래야 비로소 진정한 자신을 찾을 수 있습니다. 그때서야 나라는 사람을 깊게 들여다볼 기회가 찾아옵니다.

왜 나만 이런 고통을
겪어야 할까요?

아이들도 나도 남편도 더 이상 가정에서 편안함을 느끼지
못하는 것 같아요.

이혼은 실패입니다. 결혼에서 실패한 것입니다. 이는
바뀌지 않는 사실입니다. 그 실패의 원인은 여러 가지가
있을 수 있지만 결국 모든 원인은 나 자신에게 있습니다.
우리는 살아가면서 크고 작은 실패를 겪습니다. 그중 이혼
은 큰 실패에 속합니다. 이혼은 결혼생활로 인해 고통받고
찢어진 나의 삶을 원래의 상태로 회복시켜주지 않습니다.
　이혼으로 큰 타격을 입은 내 인생은 휘청거립니다. 내

가 아무리 발버둥쳐도 이혼했다는 정신적 고통에서 헤어나오기 힘들고, 주변의 시선들은 이런 나를 더욱 위축시킵니다. 그런 면에서 이혼은 분명한 실패입니다.

그런데 반대로 이혼을 안 하면 그 삶은 성공일까요? 여기서의 성공은 무엇일까요? 가정을 유지했다는 점일까요? 그렇다면 여러분은 왜 가정을 유지하려고 하나요? 가정을 유지하는 목적이 무엇인가요? 상담 사례처럼 아이들도 남편도 나도 더 이상 가정에서 편안함을 느끼지 못하는데 가정을 유지하는 이유는 무엇일까요?

문제가 있는 가정을 깨지 못하고 그 형태만을 유지하는 것은 사실 더 큰 실패입니다. 이혼에는 새로운 시작과 성장하는 내가 뒤따르지만, 깨지 못해 유지되는 가정에는 예견된 절망과 거기에 순응하는 내가 있을 뿐입니다. 여러분은 절망을 참을 수 있습니까? 키르케고르는 절망을 "죽음에 이르는 병"이라고 정의합니다.

열심히 노력했지만 실패를 맞게 되는 순간, 여러분은 어떻게 행동하십니까? '왜 하필 나한테 이런 비극이 생기는 거야', '왜 이렇게 나는 운이 없을까', '다른 사람은 이런 고통을 겪지 않는데 왜 나만 이런 고통을 겪어야 해'라며 현실을 부인하고 원망하나요?

잠깐이야 원망하고 자책할 수 있습니다. 그런데 그것
이 오래가면 어떻게 될까요? 여러분이 한 실패를 여러분
스스로 받아들이지 않으면 어떻게 하실 겁니까?

나는 이미 바닥까지 내려갔는데 원망만 하고 있다면
누구도 그곳에서 헤어 나올 수 없습니다. 그렇다면 안타깝
게도 여러분의 인생은 거기에서 끝입니다. 성장하지 않는
인생은 죽은 것과 마찬가지이기 때문입니다.

인생은 굴곡이고 흐름입니다. 올라갈 때가 있으면 반
드시 내려갈 때가 있습니다. 내 삶이 추락하고 있는데 그
사실 자체를 인정하지 못하면 결국 현재의 나 자신을 부정
하게 되고, 나는 지금을 살지 못하고 과거에 갇혀 살 수밖
에 없습니다. 우선 여러분의 삶이 밑바닥에 있음을 인정하
십시오. 희망적인 사실은 내가 바닥까지 떨어졌다는 것은
이제 올라갈 일만 남았다는 것입니다.

하지만 내가 추락하고 있다는 것 자체를 부정하면 여
러분은 올라오는 에너지를 모으지 못해 침전 상태에 머무
르게 될 것입니다. 자기기만으로 추락한 사실을 부정했으
니 올라갈 필요도 없는 것입니다.

인생의 하강곡선에서 내려가지 않으려 발버둥치지 말
고 차라리 빨리 바닥까지 내려가십시오. 수영할 때 다리에

쥐가 나는 경우를 생각해보세요. 쥐가 나면 아프니까 다리를 오므리게 됩니다. 그러면 뭉친 근육이 풀리나요? 오히려 더 뭉칩니다. 뭉친 근육을 풀어주려면 순간 고통스러워도 참고 다리를 확 펴주어야 합니다.

늪은 그 끝이 보이지 않아 공포스럽고, 그렇기 때문에 우리는 더 깊이 빠지지 않으려고 안간힘을 씁니다. 그 늪이 얼마나 깊은지 가늠할 수 없지만 분명한 것은 늪의 밑바닥은 단단하다는 것입니다. 밑바닥에 닿아야 비로소 우리는 위로 올라갈 에너지를 모을 수 있습니다.

상실 뒤의 슬픔은 끝도 없이 표현하는 게 아니라 한 번에 쏟아낸 뒤 조금씩 그 슬픔을 줄여나가는 것입니다. 우리는 제사나 장례를 지낼 때 '곡(哭)'을 합니다. 곡은 일정한 격식을 갖추어 내는 울음으로 각각의 단계가 있습니다.

곡의 각각의 단계를 거치면서 우리는 친지를 잃은 지극한 슬픔을 줄여나가고 결국 다시 일상으로 돌아오게 됩니다. 이것이 바로 공자가 말하는 "슬퍼하되 그것이 지나쳐 몸을 상하게 하지 않도록 하는 것"입니다(哀而不傷, 애이불상). 슬픔의 핵심은 바로 절제에 있습니다.

이혼은 여러분의 인생에서 맞닥뜨리는 수많은 실패 중

하나에 불과합니다. 해결할 수 없는 문제가 있음에도 이혼하지 않는 것은 더 큰 실패입니다. 인생을 살면서 실패를 한 번도 경험하지 않은 사람은 없습니다.

내가 실패했다는 사실을 인정하십시오. 그래야지 그것을 토대로 새로운 길을 모색할 수 있습니다. 실패는 상실이고 그로 인해 밀려오는 슬픔은 너무도 당연한 과정입니다. 그 감정을 부인할 필요 없습니다. 이제 여러분이 할 일은 그 슬픔을 단계적으로 줄여나가는 것입니다.

하나의 문이 제대로 닫혀야 비로소 다른 문을 열 수 있습니다. 닫힌 문 앞에 주저앉아 울고 있지 말고 다른 문을 찾으십시오. 새롭게 열린 문에서 더 큰 행복을 맞이할 수 있습니다. 여러분의 인생은 여러분에게 달려 있습니다.

이혼 후의 삶이
두렵기만 합니다

A 결혼과 동시에 이 사람을 떠나야겠다고 생각하면서 20년을 살았지만 이혼은 정말 고통스러운 일이었어요.

B 남편은 16년간의 결혼생활 동안 나를 조종한 나르코패스(Narcopaths)예요. 외도를 하고도 양심의 가책 따위는 없는 사람이었어요. 고통스러웠지만 지금이라도 알게 되어 벗어날 수 있음에 감사하고, 온전히 제 인생을 살며 자유롭게 살아가고픈 마음입니다.

힘드시죠? 지금 힘들지 않더라도 앞으로 힘들 겁니다. 엄밀히 말하자면 여러분이 힘든 이유는 이혼 때문이 아니라 무너져 내린 나 자신 때문입니다. 완전히, 깡그리 무너져 내려 이제는 '나'라는 존재가 무엇인지, 누구인지 알 수 없는 상태까지 내려간 것입니다.

저 역시 그 당시 너무 고통스러워 '다 끝났다', '나는 이 실패를 만회할 수 없다', '이제 그만 이 세상을 하직해야겠다'고 생각할 정도였습니다. 인생을 살면서 큰 실패를 경험해보지 않았던 저는 나약하기 그지없었습니다. 제 안에는 삶을 살아가는 아무런 기준이 없었기 때문에 과거의 실패한 삶이 어떤 의미가 있는 것인지, 앞으로 무엇을 기치로 일어설 것인지 알 수가 없어 갈팡질팡해야 했습니다.

그 당시 저에게 인생은 끊임없이 밀려오고 쓸려나가는 파도와 같이 역동적인 것이 아닌 과거와 현재가 단절되고, 현재와 미래가 동떨어진 단편으로 느껴졌습니다.

살다 보면 무슨 일이든 일어날 수 있습니다. 공자는 "우리 인생에는 반드시 그래야 하는 일도 없고, 반드시 그러지 말아야 할 일도 없다"고 말했습니다(無適也 無莫也, 무적야 무막야).

'내 인생에 절대 이혼은 없어', '그런 일은 나에게 일어나지 않아', '아이들에게 이혼 가정을 만들어줄 수 없어'라는 생각이 문제를 더 복잡하게 만들고 스스로를 그 문제에서 헤어 나올 수 없게 만듭니다. 늪에 빠졌는데 나올 생각도 하지 않을뿐더러 '늪에 빠지지 않았다'고 자기 자신을 속입니다.

하지만 애초부터 우리 인생에 그런 보장 따위는 없습니다. 우리 인생은 위로든 아래로든 한계가 없습니다. 우리는 그저 그때그때의 마땅함에 따라 행동할 뿐입니다(義之與比, 의지여비). 누구든지 이혼할 수 있습니다.

이혼 후의 삶이 힘든 것은 당연합니다. 이제부터 진짜 나의 삶이 시작되기 때문입니다. 한 번도 경험한 적 없는 바로 나의 삶입니다. 그런데 원래부터 삶은 그런 것이었습니다. 다만 나의 나약함, 외로움, 두려움 등으로 어릴 때는 부모에게, 어른이 되어서는 배우자에게 의존해왔던 것뿐입니다.

미국 작가 헨리 반 다이크(Henry van Dyke)는 어떤 이들은 죽음이 너무 두려운 나머지 삶을 시작하지도 않는다고 말합니다. 두려워하지 말고 자신 있게 여러분의 삶을 시작하십시오. 이미 밑바닥이어서 죽음이 오히려 축복으로 느꺼질 정도라면 더 이상 무엇이 두렵겠습니까.

완벽했던 인생에 흠이 났나요? 안정적인 궤도에서 이탈했나요? 이번 생은 망했나요? 그러면 이제 어떻게 살 건가요? 미안하지만 아직 끝난 게 아닙니다. 우리 인생은 생각보다 길어서 성공과 실패가 그렇게 간단하게 판가름 나지 않습니다.

이번 생은 아직 망하지 않았습니다. 설령 망했다 하더라도 여러분은 그 망한 인생을 계속 살아야 합니다. 인생의 흐름에서 맞이한 몇 번의 실패가 여러분의 인생을 망하게 했을까요? 여러분을 망하게 한 것은 그 실패가 아니라 아무것도 하지 않고 주저앉아버린 여러분 자신입니다.

저는 심각한 우울의 터널 속에서 생사를 넘나들며 나 자신과 투쟁하면서 깨달은 점이 하나 있습니다. 그것은 바로 인생이 길다는 것이었습니다. 그때 제 나이는 37세였습니다. 치열하게 살아온 지난날이 까마득히 먼 과거처럼 느껴지는데 아직도 살날이 그만큼이나 더 남아 있다니!

저에게는 그 사실이 너무나도 큰 충격이었습니다. 시간이 너무 많다는 깨달음과 이미 밑바닥인데 무엇이 더 두렵겠냐는 저의 생각은 우울증이라는 긴 터널의 끝을 알리는 빛과도 같았습니다. 과거에 대한 원망과 분노로 가득 차

있던 저의 머릿속은 이제 '도대체 이 긴 시간 동안 무엇을
해야 하지?' 그리고 '나는 무엇을 할 수 있을까?'라는 생각
으로 대체되었습니다.

돌이켜보면 저는 스스로가 성장할 때 행복감을 느끼
는 사람이었습니다. 어제와 같은 오늘을 살면서 오늘과 달
라진 내일이 그려지지 않을 때, 저는 끝없는 심연의 나락
으로 떨어지는 고통을 겪어왔습니다. 그렇다면 끊임없이
성장하는 삶을 사는 것이 바로 제가 해야 할 일이었습니다.
그러기 위해서 필요한 일은 모색과 시도입니다. 여러
가지 시도 속에 또 실패할 수도 있습니다. 하지만 그 과정
에서 우리는 성장하고 단단해지며 결국 성공하게 될 것입
니다. 확실한 것은 시도하지 않으면 아무것도 변하지 않는
다는 점입니다.

실패는 창조력을 가지고 있습니다. 지금이야말로 여러
분 자신의 진짜 인생이 시작되려는 중입니다. 행운의 여신
은 불행도 함께 가져다주듯이 불행과 행복은 늘 함께 찾
아옵니다.
지금 여러분이 끔찍하리만큼 불행하게 생각하는 일이
시간이 지난 뒤에는 엄청난 행운이 될 수도 있습니다. 그것

이 바로 새옹지마(塞翁之馬)입니다. 행운과 불행을 만드는 것은 결국 여러분 자신입니다.

하지만 행운이 불행이 되고 불행이 행운이 되는 변화는 드라마틱하게 오지 않습니다. 모든 일에는 때가 있듯이 모든 일은 시간이 걸립니다. 지금 여러분에게 필요한 것은 시간이라는 위대한 마법사입니다.

실패했다는 생각에
너무 우울해요

A 나 자신이 무너져 내리는 것 같습니다.

B 제 삶의 의미인 가정을 해체한 것 때문에 고통스럽습니다.

C 28년을 가정에 올인했으니 다른 목표와 의미를 찾기가 어려
웠어요. 그저 내가 무능력하다는 생각뿐이에요.

이혼 후 너무 우울해서 죽을 것만 같은가요? 우울하
다고 하면 보통 전문가들이 어떻게 조언해주나요? 아마도
다음의 세 가지 이야기를 해줄 것입니다.

첫째, 규칙적인 생활을 해라. 둘째, 잠이 안 오면 억지로 누워 있지 말고 책을 읽거나 잠을 유도할 수 있는 잔잔한 활동을 해라. 셋째, 운동을 해라.

우리가 상식으로 다 알고 있는 말들입니다. 그런데 이렇게 하면 우울증이 극복될까요?

깊은 우울증에 빠진 사람은 에너지가 고갈된 상태입니다. 간단한 운동조차도 몰입할 수 없습니다. 이런 조언은 경미한 우울감을 느끼는 사람에게 적용되는 것이지 깊은 우울증에 빠진 사람들을 위한 조언이 아닙니다. 귀담아 듣지 마십시오.

여러분은 왜 우울증에 빠졌나요? 여러분이 심각한 우울증에 빠진 이유는 이혼이라는 단편적인 사실 때문이 아닙니다. A, B, C는 모두 삶의 의미와 목표를 가정에 두었습니다. 하지만 결혼과 이혼은 내 삶에 존재하는 하나의 이벤트지 그것 자체가 내 삶은 아닙니다.

우울증은 이혼 때문이 아니라 나의 삶에 내가 없기 때문에 생긴 것입니다. 그러니까 지금 겪는 우울증은 이혼을 하지 않았더라도 언젠가는 찾아왔을 것입니다.

우울증을 앓는 사람들은 공통적으로 과거에 대한 후회와 미래에 대한 걱정이 가득합니다. 사실 그 사람의 내면을 지배하는 것은 후회와 걱정 이 두 가지 감정뿐입니다. 후회는 분노와 원망으로, 걱정은 공포로 발전합니다. 이런 상태에서는 현재를 살 수 있는 에너지가 없습니다.

과거에 대해 후회한다는 것은 나의 머릿속이 항상 과거로 돌아간다는 것을 의미합니다. '내가 그때 이렇게 하지 않았더라면', '내 주변의 누군가가 어떤 조언을 해줬더라면', '얘가 그렇게 하지 않았다면 내가 지금 이렇게 되지 않았을 텐데'라는 생각이 무한 반복됩니다. 과거에 그렇게 하지 못한 것에 대해 화가 치미는 것입니다. 후회와 화가 뒤섞여 나의 내면은 깊은 우울로 가득 찹니다.

우울증에 걸린 사람이 불면증에 시달리는 이유는 자신을 과거의 특정 시점으로 보내기 위해 쉬지 않고 뇌를 사용하기 때문입니다. 하루 중 잠시라도 뇌를 쉬게 해줘야 하는데 그렇지 못하고 타임머신처럼, 무한궤도처럼 과거의 시간이 반복됩니다.

이와 같이 우울증이라는 터널에 갇힌 사람은 생각의 고리에서 헤어 나오지 못합니다. 그래서 미래를 준비할 수 없습니다. 과거에 잘못된 선택을 했고, 그로 인해 지금 이 거대한 실패를 맞이하게 되었다는 생각에 아무리 미래를 살아갈 힘을 모으려고 애쓰지만 모래알처럼 순식간에 흩어져버립니다. 새롭게 쌓아보려 해도 모래성은 이내 무너지고 맙니다.

나의 뇌는 쉬지 않고 일하지만 언제나 과거에 머물러 있으며 정작 미래에 대해서는 준비하지 못합니다. 이 상태에서는 미래가 다가오는 것 그 자체가 공포입니다.

설상가상으로 노화까지 찾아옵니다. 미래가 온다는 것은 나이를 먹는다는 것을 의미합니다. 나이를 먹으면 아무리 건강한 사람도 모든 기능이 쇠퇴합니다. 이제 신체적으로 성장은 없습니다. 그것으로 인해 미래에 대한 두려움은 증폭됩니다.

미래에 대한 두려움을 감당하지 못할 때 사람들은 패닉 상태에 빠지게 됩니다. 그리고 지금의 굴레에서 영원히 벗어나지 못할 거라는 생각은 결국 극단적인 선택으로 자신을 몰고 가기도 합니다.

우울증이라는 터널에 갇히면 칠흑 같은 어둠뿐, 아무것도 보이지 않습니다. 그런데 두려움의 실체는 무엇일까요? 바로 앞에 무엇이 있는지 모른다는 것입니다. 여러분은 '알 수 없다는 사실'에 압도당한 나머지 자신이 가장 두려워하는 괴물을 만들어냅니다.

어릴 적 보았던 영화 가운데 우주를 항해하던 우주선이 난파되어 어느 행성에 불시착하면서 일어나는 에피소드를 그린 영화가 있었습니다. 우주인들은 이 행성에 대해 아는 게 아무것도 없습니다. 우주선이 난파되어 당장 그 행성을 떠날 수 없는 상황에 처한 대원들은 불안감을 느낍니다.

그런 와중에 괴생명체의 공격으로 대원들이 한 명씩 죽어나가기 시작합니다. 그 괴생명체가 어디에서 왔는지는 알 수 없습니다. 대원들은 이 '알 수 없음'으로 인해 점점 더 패닉 상태에 빠집니다. 그 행성의 비밀은 자신이 가장 공포스럽게 생각하는 존재가 현실이 되어 나타나 나를 공격한다는 것입니다.

예를 들어 좁은 공간을 유난히 무서워하는 대원에게 좁은 공간이 나타나고, 그 대원은 결국 자기가 생각하는 가장 고통스러운 방법으로 죽게 됩니다.

그런데 사실 이 행성에는 아무런 위험 요소가 없었습니다. 공포가 없는 별입니다. 행성을 공포로 가득 차게 만든 것은 바로 대원들 자신이었습니다. 미지의 세계, 낯선 곳에 대한 두려움이 사람들로 하여금 자신이 가장 무서워하는 것에 압도당하게 만들었고, 결국 그것이 존재하지 않는 괴생명체를 만들어낸 것입니다.

대원들은 저마다 다른 원인으로 죽음에 이릅니다. 하지만 두려움이 없던 대원 한 명만은 끝까지 살아남습니다. 그에게 나타난 마지막 괴물은 무엇이었을까요? 바로 자기 자신이었습니다.

마지막 대원은 자기 자신과 싸웁니다. 자기 자신을 극복하면 살 수 있습니다. 어차피 그것은 가상의 존재입니다. 존재하지 않습니다. 실체가 없습니다. 내가 만들어낸 것입니다. 여러분을 구할 수 있는 것은 여러분 자신입니다.

우리가 가장 쉽게 범하는 실수는 바로 그것입니다. 우리는 존재하지도 않는 공포를 만들어냅니다. 그리고 그 존재가 너무 무서워 쩔쩔매며 어쩔 줄을 몰라 합니다. 그럴 수밖에 없습니다. 내가 상상할 수 있는 가장 공포스러운 존재를 만들어냈기 때문입니다.

하지만 그 존재는 실체가 없는 공포일 뿐이므로 얼마든지 물리칠 수 있습니다. 다만 누구도 아닌 여러분만이 할 수 있습니다. 여러분을 구할 수 있는 것은 오직 여러분 자신뿐입니다.

이 끔찍한 우울감에서
벗어날 수 있을까요?

노르웨이에는 세계에서 가장 긴 레르달 터널이 있습니다. 길이가 무려 24.5킬로미터에 달합니다. 마치 빙하 속에 들어와 있는 느낌을 주는 이 터널 안에는 원형 교차로도 있습니다. 하지만 제 아무리 긴 터널이라 해도 입구가 있으면 출구도 있듯이 모든 터널에는 끝이 있습니다.

여러분이 갇힌 그 터널 역시 끝이 있습니다. 그 터널에서 벗어나는 방법은 빛이 보이는 쪽으로 나아가는 것입니다. 속도가 느려도 괜찮습니다. 주저앉아 포기하지만 않으면 됩니다. 터널은 미로가 아닙니다. 앞으로 나아가면 언젠가는 반드시 출구가 나오기 마련입니다.

우선은 내가 터널에 빠졌다는 사실을 인정하십시오. 그 자체를 부인하면 안 됩니다. '아, 내가 터널에 빠졌구나' 라고 생각하면 어떻게든 나를 찾는 여정을 시작하게 됩니다. 내가 어떤 사람인지, 꾸밈없는 가장 솔직한 나의 모습을 보려고 노력하십시오. 자꾸만 과거의 특정 시점으로 돌아가려 한다면 애써 피하려 하지 말고 그대로 의식의 흐름을 따라가십시오.

그리고 누군가에 대한 또는 어떤 상황에 대한 원망, 후회, 분노로 가득 차 있는 마음을 솔직하게 인정하십시오. 원망을 하다 하다 보면 결국엔 나 자신을 원망하게 되는데, 더 이상 쏟아낼 원망이 없을 때까지 원망하십시오. 그런 과정을 거치면 여러분은 드디어 '나'라는 사람을 직면하게 됩니다. 그때가 오면 '나'를 유심히 살펴보세요. 과연 지금의 실패가 과거의 '그' 선택 때문이었나요?

자기 자신을 기만하지 마십시오. 여러분이 과거 특정 시점에 대한 반복적인 후회에 빠져 있다면 아마도 스스로를 기만하고 있기 때문일 수 있습니다. 어떤 중요한 사실을 애써 외면하거나 인정하지 않고 있는 것은 아닌가요?

최면에 든다고 생각해보십시오. 내가 문제라고 생각하는 과거의 어떤 지점으로 가서 관찰자의 시점으로 살펴보십시오. 내가 그동안 당연하게 생각해온 것들이 과연 진짜 내 생각이었는지, 내가 놓친 사실이 있지는 않은지 말입니다.

일본 애니메이션 〈도쿄 구울〉의 주인공 카네키는 잔인한 고문을 받는 극한의 상황에 처하게 됩니다. 어릴 적 엄마의 가르침대로 '다른 사람에게 상처를 입히느니 내가 상처받는 게 낫다'는 가치관을 가진 카네키는 도저히 이 상황에서 벗어날 수 없다고 생각합니다. 모든 것을 포기한 카네키는 의식을 잃은 채 엄마와 행복했던 어린 시절로 돌아가 숨습니다.

현실의 고통을 잊게 하는 꿈만 같은 시간 속에서 카네키는 점점 자기 자신을 직시하기 시작합니다. 그는 자기 안에 있는 또 다른 존재인 리제와 함께 과거로 돌아가 어릴 적 엄마와의 추억을 설명합니다.

"엄마는 성실한 사람이었어. 언제나 바쁘셨지."

"그래? 그런데 너희 엄마는 어린 너를 혼자 두고 어디 가는 거야?"

그때부터 카네키는 그동안 당연하다고 여겼던 사실에 대해 의문을 품기 시작하며 스스로에게 질문을 합니다.

"어? 엄마는 어디를 가는 거지?"

"나는 엄마를 좋아했나?"

수없는 질문을 하며 카네키는 자기기만을 부정하고 각성하게 됩니다. 사실 카네키는 다른 사람들에게 착하게 보이기 위해 쩔쩔매고, 매일 돈을 달라는 이모를 도와주기 위해 자신을 혼자 방치해둔 엄마가 너무도 싫었습니다.

"엄마처럼 살고 싶지 않아! 엄마는 나약한 사람이야! 엄마는 나를 지켜주지 못했어. 나는 너무 외로웠어."

이 모든 사실을 깨닫게 된 카네키는 '나와 내 주변의 사람들이 상처를 입는 것은 내가 약해서다'라는 결론을 내립니다. 그는 더 이상 회피하지 않고 사랑하는 사람을 지키기 위해 강해지기로 결심합니다.

우울증의 긴 터널에서 여러분이 할 일은 진짜 내 모습을 찾는 것입니다. 자신의 욕망을 접어두고 착한 척, 이타적인 척하지 마십시오. 이기적이다, 나쁘다, 게으르다 등 부정적인 단어에 새로운 의미를 부여하십시오. 나를 바로 세우지 않으면 영원히 우울감에서 벗어날 수 없습니다.

약의 도움을 받아 우울증이 완화될 수는 있지만, 나에게 충실한 삶을 살지 못한다면 또다시 터널에 갇힐 수 있습니다. 각성해야 합니다. 터널에 갇혔다는 것은 인생에 새로운 기회가 왔다는 의미입니다. 그것은 바로 나답게 살 수 있는 기회입니다.

모든 사람이 터널에 갇히진 않습니다. 여러분이 터널에 갇혔다면 그것은 지금껏 살아온 내가 아닌 삶을 죽여야 할 때라는 것입니다. 확실하게 죽여야 새롭게 시작할 수 있습니다.

정신과 의사 칼 메닝거(Karl Augustus Menninger)의 말처럼 인생의 흠은 우리에게 주어진 규칙과 계획 그리고 사회적 압박에서 자유로워져 스스로 길을 선택하게 하는 유일한 기회이므로 꼭 필요한 것입니다.

터널에 갇힌 시간을 아까워하지 마십시오. 터널에 갇힐 때의 나와 빠져나올 때의 나는 완전히 다른 사람이 되어야 합니다. 여러분이 받는 고통의 시간을 자신을 발견하는 유용하고 값진 시간으로 만드십시오.

기죽지 않고 살 수 있을까요?

A 아이들이 부모의 이혼을 어떻게 받아들일지도 그렇고, 또 남의 시선도 그렇고 모든 게 두려워요.

B 이혼녀라고 하면 이상한 사람들이 들러붙지 않을까 겁이 납니다.

저는 올해로 결혼 14년 차, 이혼 7년 차를 맞이했습니다. 요즘 같이 이혼을 많이 하는 세상에 '이혼한 게 무슨 흠이냐'고 하지만 실제로 이혼한 사람들은 일상생활에서 수많은 불편함을 경험하며 위축될 수밖에 없습니다. 바로 주홍글씨, 낙인입니다.

그런데 이 낙인을 더 강력하게 만드는 것은 바로 자기 자신입니다. 스스로 이혼했다는 사실, 실패했다는 사실에 위축되고 떳떳하지 못해 주홍글씨가 내 삶에 더욱 깊이 박히도록 만듭니다.

저는 10개월간의 긴 우울증의 터널에서 사투를 벌인 끝에 이혼을 결심했지만, 이혼 후 주변의 시선에서 당당하지 못했습니다. '나를 어떻게 생각할까?', '누구한테만 말을 해야 할까' 하는 고민과 '이혼한 게 무슨 죄야?'라는 두 가지 생각이 충돌해 이러지도 저러지도 못했습니다.

처음에는 이혼에 대한 고통이 너무 커서 결혼생활을 떠올리게 하는 모든 것, 예를 들면 누군가로부터 청첩장을 받는 일, 결혼식에 가는 일, 부부가 나오는 드라마를 보는 일이 몸서리 쳐질 정도로 끔찍했습니다. 그래서 한동안 지인의 결혼식에도 참석하지 못했습니다.

그런데 이런 고통은 모두 이혼 직후 무너진 내 삶에서 기인한 것입니다. 삶을 살아갈 수 없는 상태에서는 모든 것이 충격이고 공포일 수밖에 없습니다. 결국 저는 이런 자극으로부터 스스로를 지키기 위해 은둔을 선택하는 악순환에 빠지게 되었습니다. 주홍글씨가 더욱 선명하게 새겨지는 순간입니다.

차차 시간이 지나고 무너져 내렸던 내가 조금씩 세워지자 주변의 모든 것도 안정을 찾아갔습니다. 그리고 이전까지 그저 고통스럽고 피하고만 싶었던 주변의 시선과 낙인이 비로소 불편하게 느껴지기 시작했습니다. 이제는 낙인과 차별이 조금도 고통스럽지 않고 그저 불편하게 느껴질 뿐이었던 것입니다.

불편한 것은 평가이지 감정이 아닙니다. 이혼에 대한 사회적 낙인이 얼마나 자연스럽고 당연하게 이루어지는지, 그리고 그것이 얼마나 불편했는지에 대한 저의 경험을 말씀드리겠습니다.

천주교 신자인 저는 아이들과 함께 성당을 다닙니다. 저는 종종 어린이 미사에 참석했고, 큰아이가 초등학교 3학년이 되었을 때 세례를 받기 위해 영성체 교리반에 등록했습니다. 그 교리는 엄마도 의무적으로 들어야 했는데 교리 내용은 언제나 가정이 중심이었습니다.

성당에서 강조하는 성가정은 항상 엄마와 아빠가 있는 가정을 전제로 합니다. 수녀님의 말씀을 듣다 보면 양부모 가정만이 정상이고, 한부모 가정은 아예 세상에 존재하지 않습니다. 성당 자모회 엄마들은 주일학교 어린이들을 위해 매주 간식을 만들어주는데, 한 달에 한 번은 아빠들이 간식을 담당합니다. 성당을 다니는 어린이들은 서로의 엄마와 아빠를 모두 알고 함께 어울립니다.

저는 이 사실이 너무 불편했습니다. 그냥 수녀님이나 자모회 사람들에게 이혼했다는 사실을 말하고 내가 다니는 성당을 다양성을 존중하는 집단으로 만들어볼 수도 있었지만 그런 것에 제 노력과 에너지를 쏟을 여력이 없었습니다. 그렇지 않아도 할 일이 너무 많았기 때문입니다. 하지만 계속해서 불편함을 마주할 필요 또한 없다는 생각이 들어 저는 차츰 성당을 나가지 않게 되었습니다.

그런데 만일 그 집단이 직장과 같이 피할 수 없는 곳이라면 어떻게 해야 할까요? 회사라면 종교 집단보다 사생활이 드러나는 경우가 드물기 때문에 대처법은 그리 어렵지 않습니다. 필요하면 이혼에 대해 이야기하면 됩니다. 당장 인사부서에 각종 수당이나 소득공제를 위해 나의 이혼 사실을 알려야 할 수도 있습니다. 인사 부서 담당자에게 이야기하면 됩니다. 아마도 순식간에 회사 내에 소문이 나겠지요. 하지만 상관없습니다. 필요한 것은 나의 당당한 태도뿐입니다.

헨리 데이빗 소로우는 『월든』에서 이렇게 이야기합니다.

한번은 당시 초등학교 3학년인 큰아이의 또래 집단에 있는 눈치 빠르고 약간은 당돌한 아이가 저의 큰아이에게 "아빠는 어딨어?" 하고 물었습니다. 사전에 아이들에게 '아빠는 일 때문에 다른 곳에 있다'고 답변하도록 해두었지만, 그 아이는 저의 큰아이에게 계속해서 난처한 질문을 했습니다. 아이들만의 세계에는 아이들만의 규칙이 있기에 매번 부모가 개입할 수 없고, 이 문제는 결국 저의 아이들이 앞으로 학창생활을 하면서 겪어야 할 일이라고 생각한 저는 아이들에게 이렇게 말했습니다.

"이것은 불편함의 문제인데, 불편하면 그냥 엄마 아빠가 이혼했다고 말해도 돼. 하지만 네가 별로 중요한 관계로 생각하지 않는 사람의 말은 그냥 무시해. 그런 사람들의 궁금증을 충족시켜주기 위해 일일이 설명할 필요는 없거든."

아이들은 거짓말을 한다는 사실이 괴로울 테고, 마치

자신이 잘못해서 거짓말을 하는 것으로 생각할 수도 있을 테니 기준을 잡아줄 필요가 있습니다. 이제 제가 할 수 있는 일은 아이들이 부모의 이혼 사실을 말한 뒤 주변의 따가운 시선을 고통이 아닌 단순히 불편한 것으로 받아들일 수 있도록 아이들의 건강한 정신을 키워주는 것입니다.

이혼으로 인한 낙인은 우리 사회에 너무나도 자연스럽게 스며들어 있습니다. 왜냐하면 모든 시스템은 이혼하지 않은 것을 전제로 하기 때문입니다. 만일 제가 성당을 다니면서 이혼으로 인한 상실감과 패배감으로 제대로 서지 못한 채 흔들리고 있었다면 수녀님의 악의 없는 말씀과 어린아이의 당돌한 질문에 고통받아 더욱 더 위축되었을 것입니다. 그런 엄마의 모습을 보는 아이들 역시 고통스러울 것은 불을 보듯 뻔한 일입니다.

여러분이 할 수 있는 일은 그 낙인을 피하는 게 아니라 그 낙인이 내 삶에 아무런 영향을 미치지 않게 하는 것입니다. 아이들에 대한 걱정에 빠져 삶을 더 피폐하게 만들기보다 자기 자신을 세우는 데 더 집중하십시오. 엄마와 아빠가 당당하면 아이들도 당당합니다. 그리고 아이들은 우리가 생각하는 것보다 훨씬 강합니다.

이혼, 아이에게
언제 말해야 할까요?

A 이혼했다는 사실을 언제쯤 아이에게 말하면 좋을까요? 아이가 아직 어린데….

B 혹시 모를 불이익을 피하기 위해서는 아이가 초등학교 입학한 뒤로 이혼 시기를 최대한 미루고 싶어요.

C 왜 이제 이혼해?

이혼이 성립되고 난 뒤 의뢰인들이 하는 대부분의 질문은 자녀에 대한 것입니다. 사실 자녀에게는 잘해주어도 걱정, 못해주어도 걱정인 게 부모의 마음입니다. 부모는 혹시라도 자신의 이기심으로 자녀에게 불필요한 고통을 주는 것은 아닌지 고심을 거듭해 이혼을 결정합니다. 웬만하면 이혼을 하지 않으려는 것도 자녀 때문입니다.

이혼 후 자녀를 어떻게 키워야 할까요? 나는 어떤 자세로 아이를 대해야 할까요? 결코 쉽지 않은 문제입니다. 하지만 이혼을 했든 안 했든 이것은 모든 부모의 공통된 과제라는 사실을 잊지 마십시오.

아이들은 순수합니다. 순수하기 때문에 자신의 감정에 솔직합니다. 감정을 꾸밀 줄 모릅니다. 사람의 감정은 사랑과 애정처럼 마냥 좋은 것도 있지만 시기와 질투, 미움, 호기심 등의 감정도 있습니다.

어린아이는 자신의 순수하고 왕성한 호기심을 충족시키기 위해 상대방의 상처는 아랑곳하지 않을 때가 있습니다. 순수하다는 것은 곧 이기적이라는 말과 상통합니다. 이혼 가정의 자녀는 여러 가지 차별과 놀림의 대상이 될 위험에 노출되어 있습니다. 그리고 그 차별의 가해자는 어른과 아이의 구분이 없습니다.

이런 편견과 차별로부터 내 아이를 지키는 것은 당연히 어려운 일입니다. 부모가 할 수 있는 일은 자녀가 스스

로 시시비비를 가릴 줄 아는 건강한 사람으로 자랄 수 있
도록 도와주는 것뿐입니다.

저 역시 아이들이 아주 어릴 때 이혼했습니다. 당시 막
내는 한 살이었습니다. 어린 자녀에게 이혼에 대한 이야기
를 할 필요도 없고, 또 할 수도 없었습니다. 그러던 중 큰
딸이 초등학교에 입학할 즈음이 되면서 친구들로부터 또
는 다른 학부모들로부터 차별을 받을 수도 있겠다는 걱정
이 들기 시작했습니다.

하지만 안타깝게도 저는 그런 차별을 막을 수 없습니
다. 그 대신 저는 제 아이들이 밖에서 그런 차별을 받았을
때 어떻게 건강하게 극복하도록 해줄 수 있을지 고민했습
니다.

제가 선택한 방법은 우선 가정에서 아이들과 이혼에
대해 스스럼없이 이야기할 수 있는 분위기를 만드는 것이
었습니다. 엄마 아빠의 이혼에 대해 함구하던 아이들은 점
차 그 일이 잘못된 게 아니라고 생각하게 되면서 개의치
않고 엄마 아빠의 이혼에 대해 이야기하게 되었습니다. 또
한 주변 사람들에게 엄마 아빠가 이혼했다는 말을 굳이
할 필요는 없지만 그렇다고 숨길 일도 아니라고 이야기해

주었습니다. 다만 사람을 가려서 대응하라고 했습니다.

어느 날 초등학교 5학년 딸이 제게 고민 상담을 해왔습니다. 태권도 선생님이 자꾸 아빠에 대해서 묻는데, 어디까지 대답을 해야 하는지 고민이라는 것이었습니다. 아빠는 다른 곳에 살고 있다고 이야기했는데도 자꾸 물어봐서 무척 난감하다는 것이었습니다. 아마도 그 태권도 선생님은 아이의 입을 통해 부모님이 이혼했다는 말을 듣고 싶었던 모양입니다.

저는 자신의 호기심 때문에 아이를 상대로 잔인한 짓을 서슴지 않는 태권도 선생님의 행동에 무척 화가 났습니다. 대등한 어른에게는 감히 물어보지 못할 질문을 상대가 어린아이라고 함부로 대하는 모습에 무례한 사람이라고 생각했습니다. 그리고는 딸아이에게 이렇게 대답해주었습니다.

"세상에는 수많은 사람들이 살고 있어. 그 많은 사람들이 모두 선량하고 인간다운 것은 아니야. 그러니까 나쁜 사람에게까지 네가 친절하게 대할 필요는 없어. 태권도 선생님이 어른이라고 해서 그 사람의 모든 질문에 네가 공손하게 대답할 필요는 없다는 이야기야. 끊임없이 생각을 해야 돼. 그 선생님은 선생님으로서의 선을 넘었어. 그런 사람은 선생님으로 대하지 않아도 돼. 무례한 사람에게는 화를 내는 거야. 다음에 또 누군가 너한테 그렇게 하면 너의 불쾌한 감정을 표시하고 꼭 화를 내도록 해. 그리고 그런 사람은 멀리해."

저는 딸이 다니던 태권도 학원을 당장 그만두게 했습니다. 물론 이런 복잡한 과정을 그 선생님에게 일일이 설명할 필요는 없습니다. 하지만 저는 아이가 이번 일을 통해 왜 학원을 그만두는지, 그 선생님이 무엇을 잘못했는지, 앞으로 어떻게 행동해야 하는지에 대해 알 수 있기를 바랐습니다.

아이들은 우리의 생각보다 훨씬 강합니다. 지금 걱정해야 할 것은 여러분 자신입니다. C는 자녀가 자기 때문에 이혼을 미루고 있던 엄마가 드디어 이혼한다고 했을 때 엄마에게 한 말입니다.

엄마와 아빠가 한 사람의 인간으로서 제대로 서 있기만 한다면 그 부모를 보고 자라는 자녀들은 걱정할 게 전혀 없습니다. 우리는 아무리 노력해도 자녀가 외부에서 받는 편견과 차별을 막을 수 없습니다. 그것은 이혼을 하지 않은 가정의 자녀도 마찬가지입니다.

다만 우리는 자녀가 그런 시련을 잘 이겨낼 수 있도록, 세상을 바라보는 자신만의 기준을 세우고 한 명의 인간으로 우뚝 설 수 있도록 도와줄 수 있을 뿐입니다.

아이가 받는 고통은 이혼으로 인한 여러분의 고통을 투영한 것에 불과할 수 있습니다. 여러분이 흔들리면 자녀도 흔들립니다. 하지만 여러분이 당당하게 앞으로 나아가면 여러분의 자녀도 그렇게 될 것입니다.

'아빠 없이 자란 아이'라는
소리 안 듣게 하고 싶어요

중국어 표현에 "可憐, 天下 父母 心(가련 천하 부모 심)!"이라는 말이 있습니다. 해석하자면 '가련하기 그지없구나, 이 세상 부모의 마음이여!'입니다. 동양의 환경에서 자란 우리들이라면 이 짧은 말이 주는 강렬함을 공감할 수 있습니다. 자식이 엄마를 죽이려는 그 패륜의 순간조차도 엄마는 자식이 붙잡힐까 걱정을 한다는 일화가 있을 정도니 부모의 마음이란 얼마나 가련합니까.

많은 문제가 있는 가정이 이혼을 쉽게 결정하지 못하는 이유의 대부분은 자식 때문이라고 합니다. 어린 자식에게 이혼 가정을 만들어주고 싶지 않다, 아이가 받을 고통을 생각하면 마음이 아프다는 것입니다.

이혼을 결정한 부모들 역시 언제나 자식을 걱정합니다. 사실 부모는 이혼을 하든 안 하든 언제나 자식이 걱정입니다. 결혼과 이혼 여부를 떠나 건강한 부모와 자식의 관계는 어떠해야 할까요? 무조건적인 희생, 아낌없이 주는 나무, 이것이 부모의 역할일까요?

우리는 중요한 사실을 종종 간과합니다. 여러분은 부모이기 이전에 '나'라는 사람입니다. 부모는 하나의 역할입니다. 자식도 마찬가지입니다. 따라서 나의 존재를 부정하는 희생과 사랑은 있을 수 없습니다. 당연히 그것은 부모다운 모습도 아닙니다. 그렇다면 부모의 부모다움은 무엇일까요?

공자는 "임금은 임금답고, 신하는 신하답고, 부모는 부모답고, 자식은 자식다운 것"이 바로 각자의 덕(德)이라고 했습니다(君君 臣臣 父父 子子, 군군 신신 부부 자자). 덕은 각자의 역할에 맞는 '~다움'입니다. 임금의 임금다움은 '관(寬)', 신하의 신하다움은 '충(忠)', 부모의 부모다움은 '자(慈)', 자식의 자식다움은 '효(孝)'입니다.

여기에서 중요한 점은 그 대상이 모두 '타인'이라는 것입니다. 타인을 넣어 다시 해석하면 각각의 덕은 다음과 같습니다. 임금은 타인인 신하에 대해 관하고, 신하는 타인인 임금에 대해 충하고, 부모는 타인인 자식에 대해 자하고, 자식은 타인인 부모에 대해 효하는 것입니다.

우리는 종종 자식과 나를 일치시키고 동일시합니다. 특히 부모 자식 간은 서로가 타인이라는 생각을 하지 못합니다. 나와 제일 가까운 것은 자기(自己)입니다. 수기(修己)한 뒤에 비로소 애인(愛人, 다른 사람을 사랑하는 것)이 가능하며, 자기를 사랑할 줄 아는 사람만이 타인도 제대로 사랑할 수 있습니다.

그런데 우리는 자기 자신을 사랑하는 것에 미숙하고, 자기를 사랑하면 이기적인 사람으로 취급받습니다. 이런 상황에서 남을 제대로 사랑한다는 것은 불가능합니다. 그런데도 어떤 부모는 자식을 자기처럼, 아니 자기보다 더 사랑한다고 말합니다.

그 누구도 자식을 나 자신보다 더 사랑할 수 없습니다. 그런 부모는 자기 자신을 사랑하지 못하는 사람일 수 있습니다. 부모의 부모다움이 무엇인지, 더 나아가 사랑이 무엇인지 알지 못할 가능성이 높습니다. 타인인 자식에 대한 사랑인 '자'는 불쌍한 모습을 보면 애가 끊어 앞뒤 가리지 않고 당장 해주고 싶은 마음이 아닙니다. 그것은 저급한 동정심에 불과합니다. 불쌍히 여기는 마음과 부모의 부모다운 사랑은 분명히 구별됩니다.

사랑은 내가 먼저 서고 남도 세워주는 것입니다. 공자가 말하는 '세워준다(而立, 이립)'는 것은 바로 그런 의미입니다. 자식은 타인입니다. 부모 자식은 천륜이지만, 그 인연을 하늘이 맺어주어 끊을 수 없다는 것이지 부모이기 때문에 당연히 부모다울 수 있다는 것은 아닙니다.

부모답기 위해서는 끊임없이 노력하고 애써야 합니다. 여러분이 먼저 사람다운 사람으로 선 뒤 자식도 그렇게 세워주는 것이 바로 부모다운 사랑입니다. 지금 당장 자식이 당할 고통이 괴로워 쩔쩔매다가 결국 나도 서지 못하고 자식도 서지 못하게 해서는 안 됩니다.

상담 중에 70세의 노모가 중년의 딸을 걱정해 뒷바라지 해주는 모습을 보았습니다. 그 딸은 결혼도 했고 이혼도 했지만 아직도 자기 혼자 이 세상을 살아갈 만큼 바로 서지 못했습니다. 번듯한 직장을 가지고 있지만 번번이 지출은 수입을 초과해 노모는 여전히 딸에게 용돈을 주고 있습니다.

그럼에도 불구하고 노모는 자식이 한없이 가엾기만 합

니다. 저는 자신의 무분별한 행동을 부모의 사랑으로 착각하고 있는 노모와, 변할 생각이 없는 그 딸의 앞으로의 삶이 무척 걱정스럽습니다.

이혼으로 자녀가 고통받을 것을 걱정하지 마십시오. 여러분은 자녀에게 고통을 주기 위해 이혼한 게 아닙니다. 그런 쓸데없는 죄책감부터 던져버리십시오. 이혼은 여러분이 살면서 겪는 크고 작은 실패 중 하나일 뿐입니다.

자녀도 자신의 삶을 살면서 여러 가지 실패와 좌절을 겪을 것입니다. 자신만의 기준을 세워 그것을 헤쳐나가는 게 인생입니다. 여러분이 아무리 부모라도 자녀가 짊어져야 할 인생의 무게를 대신 져줄 수는 없습니다. 부모가 해야 할 일은 타인인 자식이 자신의 삶을 건강하게 살아갈 수 있도록 바르고 단단하게 서게 해주는 것입니다.

이제 아무도 안 만날 거예요

이혼 상담을 하다 보면 '이제 다시는 이성을 만나지 않겠다'고 각오하는 분들이 있습니다. 그럴 때면 저는 제발 그러지 말라고 말합니다. 인간은 관계를 맺지 않고는 살아갈 수 없습니다. 행복은 관계에서 나오기 때문입니다. 그렇기에 좋은 관계를 맺기 위해 노력하는 것이 중요하지 관계를 끊으려는 것은 또 다른 회피에 불과합니다.

내 주변에 좋은 사람을 두기 위해서는 끊임없이 애쓰고 노력해야 합니다. 먼저 나를 탐구해 내가 어떤 사람인지 아는 것부터가 노력의 시작입니다. 그런데 그런 노력은 하지 않고 사람과의 관계를 끊어버리거나, 반면에 이혼하자마자 마치 혼자서는 살 수 없는 사람처럼 섣불리 누군가를 선택해 재혼하는 사람도 있습니다.

당장 내 옆에 누가 없으면 죽을 것 같고, 한 살이라도 어릴 때 이성을 만나지 않으면 고독사라도 할 것 같은 착각에 빠져 결혼할 때와 같은 실수를 저지르는 것입니다.

두 경우 모두 문제가 있습니다. 이혼이라는 아픔을 가진, 특히 자녀가 있는 '돌싱'은 당장 재혼이라는 법률혼에 연연할 것이 아니라 연애를 해야 할 때입니다. 그 과정에서 나를 찾고 사람에 대한 통찰력을 키워 나가십시오. 자, 두 번의 실수를 하지 않기 위해 애 딸린 돌싱이 연애를 할 때는 다음의 네 가지를 주의해야 합니다.

첫째, 연애를 하세요. 유부남, 유부녀가 아니라면 누구든 죽을 때까지 연애하고 사랑해야 합니다. 어린아이가 있으니까, 돌싱이니까 연애를 거부할 필요는 없습니다. 다가오는 인연을 일부러 막지 마십시오.

혹시 연애하는 것에 대한 죄책감이 있습니까? 나는 연애를 하면 안 된다거나 아이한테 미안하다는 등의 이상한 생각에 빠져 있습니까? 건강한 연애는 나는 물론 내 아이까지도 행복하게 해줍니다. 연애하십시오.

둘째, 재혼을 생각하지 마십시오. 연애를 하라는 말이지 재혼을 하라는 말이 아닙니다. 연애의 목적이 결혼이 아니듯, 돌싱의 연애 목적이 무조건 재혼이어야 하는 것은 결코 아닙니다. 연애의 목적은 사람에 대한 통찰력을 키우고, 그 과정에서 나를 알아가는 일입니다.

그렇게 내가 나를 사랑할 수 있는 상태가 되었을 때 비로소 재혼을 생각할 수 있습니다. 재혼이 절대 연애의 목적이 되어서는 안 됩니다. 주객을 전도시키지 마십시오. 그리고 법률혼은 한 번으로 족합니다.

셋째, 내가 아이가 있다는 사실을 숨기지 마십시오. 상담할 때 가끔 이런 질문을 하는 분이 있습니다. "어차피 결혼하지 않을 거면 상대방한테 내가 아이가 있다는 걸 굳이 얘기할 필요 없지 않나요?"

이런 질문의 밑바탕에 깔린 생각은 무엇일까요? 내가 아이가 있으면 상대방이랑 연애하기가 불편하다, 아니면 상대방이 부담스러워한다, 그래서 굳이 이야기하지 않으려는 경우가 대부분입니다. 편의주의적인 발상입니다.

자기 자신에게 정직하지 않은 사람은 오래갈 수 없습니다. 재혼하지 않는다 하더라도 나는 이혼했다, 아이가 있다는 사실을 숨기지 마십시오. 만일 상대방이 부담스러워하고, 그래서 만날 수가 없다면 '그래? 그럼 너는 아웃이야!' 라고 말하십시오. 재고의 여지가 없습니다.

이혼했고, 아이가 있다는 사실은 바뀌지 않는 나의 조건입니다. 그건 상대방도 잘 압니다. 그런데 그게 고민이라는 것은 사귀지 않겠다는 다른 표현입니다. 그러므로 여러분이 전전긍긍할 필요가 없습니다. 그냥 아웃! 끝입니다. 예수님을 세 번 부인한 베드로처럼 '나는 아이가 없습니다' 라고 해서는 안 됩니다.

우리가 연애를 하는 것은 연애를 굳이 마다할 필요가 없기 때문이지, 연애가 내 인생의 목적이기 때문이 아닙니다. 삶이란 세상을 바라보는 나만의 관점, 태도, 방향을 정해가는 여정입니다. 결국 중심은 나여야 합니다. 언제든, 어느 상황에 있든 중심은 나입니다. 경제 상황과 성격 등은 노력하면 바꿀 수 있습니다.

반면에 학력, 외모, 이혼, 자녀 등은 나를 형성하고 있는 요소이지 조건이 아닙니다. 그냥 나 자체인 것입니다. 바꿀 수도 없고 버릴 수도 없습니다. 상대방이 그것을 부인한다는 것은 결국 나 자체를 부정하는 것입니다. 그런 사람과는 연애할 수 없습니다. 모든 것이 다 엉망이 됩니다. 미련을 둘 필요조차 없습니다.

미련을 두면 내가 나를 부정할 수밖에 없는데, 나를 부정한다는 것은 내가 지금까지 살아온 과거를 부인하고 원망한다는 것입니다. 결혼을 잘못한 것을 원망하고, 아이가 있는 것을 원망한다면 그런 연애를 왜 합니까. 나를 부정하면서까지 이루어야 할 사랑 따위는 없습니다.

넷째, 내 아이를 상대방과 연관시키지 마십시오. 자녀에게 누굴 만난다는 것을 알려줄 필요도 없고, 함께 만나지도 마십시오. 아이들은 안정적이고 건강한 양육 환경이 필요한 것이지 새엄마, 새아빠가 필요한 것이 아닙니다.

두 사람의 관계에 자녀를 밀어 넣는 것은 대등한 관계에서 연애하는 것을 어렵게 할 뿐입니다. 상대방으로 하여금 내 자녀에게 마음을 쓰고 신경을 쓰게 하면 여러분은 또 그것이 미안해서 상대방을 위해 다른 것을 희생해야 합니다.

그것은 대등한 관계에서의 연애가 아니며 그런 연애는 할 필요가 없습니다. 자녀에게도 좋지 않습니다. '이 사람은 누구지?', '아빠의(혹은 엄마의) 새로운 애인인가?'

아이들은 호칭도 어색한 사람의 등장에 혼란스럽고 불안합니다. 자녀에게 '좋은 새엄마, 새아빠는 없다'라고 생각하십시오.

죄책감 따위는 던져버리고 자유롭게 연애하십시오. 사랑은 인간의 자연스러운 본성입니다. 남자로서, 여자로서 사랑을 나누고 인생의 깊은 의미를 아는 사람으로 성장해 나가십시오. 엄마와 아빠가 온전한 인간으로 바로 서면 한 부모 자녀라도 건강하고 바르게 자랍니다.

너무 외로워요
새 가정을 만들고 싶어요

여자 혼자 산다는 것에 대한 사람들의 시선이 불편하고 몹시 불쾌했어요. 남편이 있고 없고의 차이가 이런 건가 싶더군요. 안정감, 소속감, 내 사람이 있으면 좋겠다는 생각에 재혼을 했는데, 지금은 이 세 가지 중 아무것도 없어요.

재혼은 절대로 서둘러서는 안 됩니다. 내가 바로 서지 않은 상태에서 선불리 한 재혼은 또 다른 실패를 가져옵니다. 공자는 사람다움으로 '같은 잘못을 두 번 하지 않는 것'을 꼽았습니다.

두 번째 이혼은 여러분을 어쩌면 영원히 재기하지 못하

게 할 수도 있습니다. 재혼 뒤 다시 이혼을 고민하는 분들의 공통점은 안정감을 위해 재혼을 선택한다는 것입니다. 또한 여자분의 경우 옆에 남자가 있어야 사람들이 무시하지 않는다거나 집적거리지 않는다는 의도도 있습니다.

한번은 재혼을 이혼을 고민하는 상담자가 사무실을 찾아왔습니다. 전처의 자식들이 자신을 어머니로 취급하지 않는 괴로운 상황에서도 이혼을 하지 않으려는 상담자에게 저는 왜 이혼을 하지 않으려고 하느냐고 물었습니다.

그녀는 두 번 이혼하고 싶지 않은 자신의 심정을 이렇게 표현했습니다.

"나룻배를 타고 바다를 항해하는데, 비록 배 끄트머리를 붙잡고 간신히 버티더라도 바다에 빠지는 것하고는 차원이 다르잖아요."

"아니 왜 상황을 그렇게 설정하세요? 내가 재혼 남편과 바다 위에서 아무것도 없이 둥둥 떠다니고 있는데, 내 앞에 나룻배라도 있으면 나라도 타야 하는 거 아닌가요? 남편과 그 가족들이 나 하나를 붙잡고 험난한 바다 위에서 표류하고 있는데 왜 같이 그렇게 위험한 곳에 있는 거죠? 나를 가족으로 생각하지도 않는 사람들에게 도대체 무엇을 위해서 그렇게 안간힘을 쓰고 희생해야 하는 거죠?"

이 상담자는 가정이라는 울타리가 있어야 자신의 삶이 안정된다고 생각합니다. 그러고는 망망대해에 떠 있는 나룻배를 자신의 재혼 가정으로 표현했습니다. 하지만 제가 보기에 상담자의 재혼 가정은 절대 나룻배가 아니었습니다. 오히려 그녀는 재혼을 통해 그나마 부지하고 있던 나룻배 위에서 혈혈단신으로 바다에 뛰어든 양상이었습니다.

특히 재혼 자녀들이 그녀를 엄마로 인정하지 않고 있는 상황에서, 오히려 재혼 남편과 자녀들이 그녀의 팔과 다리를 붙잡고 바다 속으로 끌어당기고 있는 아주 위태로운 상태였습니다. 저는 상담자에게 이혼 후 고민 끝에 재혼한 이유에 대해 물어보았습니다.

"왜 재혼을 하셨나요?"

"안정감, 소속감, 내 사람이 있으면 좋겠다는 생각으로 재혼을 했어요."

"그래서 지금은 어때요?"

"(매우 단호하게) 지금은 세 가지 중 단 하나도 없어요."

"그럼 지금은 왜 같이 사세요?"

"그래도 자기 밥벌이는 하니까요."

"자기 밥벌이하는 남자는 널렸어요. 그 사람과 재혼을 하려던 처음의 이유가 왜 이렇게 바뀌었어요?"

우리는 가끔 외로움을 견디지 못하고 그저 막연한 안정감을 느끼고 싶은 마음에 가족을 만듭니다. '가족'이란 듣기만 해도 마음 따뜻해지는 단어입니다. 하지만 삶의 안정감은 타인에게서 찾을 수 있는 게 아닙니다. 안정과 불안, 행복과 불행은 모두 내 안에서 만들어지는 것입니다.

우리는 그대를 천상의 것도, 지상의 것도 그리고 불사의 것도, 비불사의 것도 아닌 존재로 창조하였나니 그럼으로써 그대를 그대 자신의 의지와 명예에 따라 자유롭게 그대 자신의 창조자요 건설자가 되게 함이니라. 오로지 그대에게만 우리는 그대 자신의 자유의지에 의거한 성장과 발전을 주었도다. 그대는 하나의 우주적 생명의 싹을 그대 속에 간직하고 있나니라.

— 피코 델라 미란돌라, 『인간 존엄성에 관한 연설』

인생이란 자기만의 삶의 태도를 정립해가는 여정입니다. 내 안에 세상을 바라보는 기준이 없으면 나는 무엇을 해도, 누구와 있어도 불안하고 공허합니다. 시시비비를 가리지도 못하고 문제를 회피합니다.

건강하고 에너지가 넘칠 때는 괜찮습니다. 하지만 인생의 굴곡에서 내리막길에 직면했을 때 나만의 기준이 없는 사람은 그대로 심연의 나락으로 떨어져버리고 맙니다.

지금은 나를 탐구하고 나를 바로 세울 때입니다. 더 이상 내 외로움의 근원을 다른 사람에게서 찾지 마십시오. 외로움을 직시하고 자기 자신이라는 우주를 탐구할 시간입니다.

아이에게 아빠의 빈자리를
채워주고 싶어요

A 어느 날 아이가 "엄마 나는 왜 아빠가 없어?"라고 물어보는
데, 너무 가슴이 아팠어요.

B 아이에게는 아무래도 엄마가 필요하니까 아이를 위해 재혼
을 결정했습니다.

재혼 이유 중 가장 일반적인 것은 아마도 '아이들에게
좋은 엄마 아빠를 만들어주겠다'일 것입니다. 마치 결혼을
하는 이유가 '안정을 찾고 싶어서'인 것과 같습니다. 여러
분은 어떻게 생각하십니까? 새엄마, 새아빠는 아이의 결핍

을 채워줄 수 있을까요?

사실 부모가 이혼을 해도 아이에게서 엄마 아빠가 없어지는 것은 아닙니다. 면접 교섭이 문제일 뿐 아이에게는 생물학적으로는 물론 법적인 엄마 아빠가 분명히 있습니다. 새로운 남자가 내 자녀에게 전 남편보다 더 좋은 아빠가 될 거라고 생각하나요? 새로운 여자가 내 자녀에게 전 아내보다 더 좋은 엄마가 될 거라고 생각하나요? 그렇다면 그 근거는 무엇입니까?

재혼 상대를 고르는 첫 번째 기준이 '내 아이에게 좋은 아빠'일까요? 우리는 종종 중요한 사실을 망각합니다. 가정의 중심은 부부입니다. 먼저 나를 세우고 부부가 선 뒤 비로소 자녀가 세워지는 것입니다. 좋은 남편과 좋은 아빠는 둘 중 하나를 택해야 하는 조건이 아닙니다.

이 질문은 그 자체로 '좋은 남편은 아니지만 아이한테는 좋은 아빠니까 그냥 이 정도로 만족한다'는 의미를 내포하고 있습니다. 이렇게 여러분은 또다시 내가 없는 가정을 만드는 것입니다. 도대체 내 삶에 나는 언제쯤 등장할까요? 내가 없는 삶에 부부가 건강하게 세워질 리 없고, 그렇다면 자녀 역시 마찬가지입니다.

여러분은 인생을 사는 첫 번째 이유가 자녀를 잘 키우

는 것인가요? 자녀는 엄마와 아빠가 있어야만 잘 자라는 것이 아닙니다. 만일 그렇다면 무슨 일이 있어도 이혼하면 안 됩니다. A가 자녀의 물음에 마음 아파하며 아빠의 빈자리를 메워주기로 결심하고 실행한 것은, 아마도 이혼으로 인해 자신이 느끼는 공허함과 결핍을 자녀에게 투영했기 때문일 것입니다. 이혼 후 내 삶이 바로 서 있는 사람은 통찰력이 부족한 나이 어린 자녀의 궁금증이나 투정에 많은 의미를 부여하지 않습니다.

재혼의 가장 중요한 조건은 결혼할 때와 마찬가지로 문제 해결 능력입니다. '이 사람이면 나를 지켜줄 수 있을 거야', '내 울타리가 되어줄 거야', '이 사람이라면 내 아이를 잘 키워줄 거야'라는 혼자만의 생각으로 재혼을 해서는 안 됩니다.

그런 마음을 표현하고 그에 대해 상대방의 동의를 구한다면 그나마 괜찮습니다. 하지만 우리는 내면의 가장 이기적인 목소리는 꽁꽁 숨기고 나의 욕망을 여러 가지로 포장합니다. 이때 가장 무난한 포장이 바로 자녀입니다.

자녀를 위해 재혼한다고 하면 내가 왠지 괜찮은 사람으로 보인다거나 또는 아이를 위해 희생하는 좋은 부모라고 평가받을 수 있기 때문입니다. 이것은 자기의 선행이나 장점을 떠벌이는 것입니다. 누구에게나 자기의 본심을 감추고 좋게 포장하고 싶은 마음이 있습니다.

물론 재혼 가정의 새엄마, 새아빠가 친부모보다 더한 사랑으로 자녀를 키우는 경우도 있습니다. 하지만 모든 일에는 분명히 대가가 따릅니다. 내 자녀에 대한 상대방의 무조건적인 희생과 사랑이 고마운 나머지 나는 또 다른 희생으로 상대방에게 보답하려 합니다. 세상에서 제일 갚기 어려운 것이 마음의 빚입니다.

우리는 언제나 자기 자신에게 직(直)해야 합니다. 재혼을 하지 말라는 게 아니라 재혼하려는 이유를 속이지 말라는 것입니다. 나의 재혼 목적이 아이를 위해서라는 말은 자신을 속이는 것입니다. 재혼하는 이유는 아이에게 좋은 엄마 아빠를 만들어주기 위해서가 아니라, 상대방이 문제 해결 능력이 있고 공동의 가치를 향해 인생의 긴 항해를 함께할 수 있는 사람이기 때문이어야 합니다.

여러분 마음에 스스로 솔직하고 당당해지십시오. 자녀에게 좋은 엄마 아빠를 만들어주겠다는 환상은 이제 그만 버리세요. 그렇게 할 때에만 비로소 건강한 가정의 울타리로 자녀를 지켜줄 수 있습니다.

그동안 고생했는데,
재혼해서 행복하게 살고 싶어요

그놈 만나 지금까지 이렇게 고생하고 살았는데, 나도 좋은 남자 만나 호강하며 행복해야 하지 않겠어요?

저의 변호사 사무실 옆에는 제법 오래된 결혼 정보 회사가 있습니다. 한번은 50대 중반의 여성 한 분이 상담을 왔습니다. 결혼 정보 회사에 상담하러 온 김에 옆에 변호사 사무실이 있기에 들렀다고 운을 뗐습니다. 그녀의 설명인즉슨 이렇습니다.

장성한 딸을 둔 상담자는 남편과 사이가 안 좋았습니

다. 원래 그 나이쯤 되면 사이가 좋기보다는 그냥저냥 사는 부부들이 많으니 그런가보다 했습니다. 상담자 역시 남편과 부부로서의 명맥만을 유지하고 살고 있었습니다. 그런데 최근 남편이 출장이 잦아지면서 집에 안 들어오는 경우가 많아지고, 설상가상 여자가 있는 것 같은 느낌이 들어 이혼을 결심하게 되었던 것입니다. 저는 속으로 '아직 이혼도 안 했는데 왜 결혼 정보 회사를 갔지?'라고 생각하며 조심스럽게 물었습니다.

"결혼 정보 회사는 따님 결혼 문제로 가셨던 건가요?"

그러자 그분의 언성이 약간 높아졌습니다.

"내가 지금까지 그놈 만나 이렇게 고생하고 살았는데 좋은 남자 만나 호강 한번 해야 하지 않겠어요? 행복해야 하지 않겠느냐고요? 그래서 결혼 정보 회사엘 갔죠."

"아, 그러시군요. 당연히 좋은 남자 만나서 남은 인생 행복하게 사셔야죠."

이 상담자는 이혼도 하기 전에 행복한 재혼을 꿈꾸고 있습니다. 나의 결혼생활이 불행했다면 그 원인이 누구에게 있을까요? '내가 남자를 잘못 만나서'일까요? 안타깝게도 상담자는 자신의 결혼생활이 불행한 이유에 대한 원인

분석이 전혀 되어 있지 않았습니다.

상담자는 내가 왜 이렇게 되었는지, 내가 왜 이런 불행한 삶을 살고 있는지에 대한 철저한 반성과 성장이 전혀 없는 상태였습니다. '남자를 잘못 만나 불행하게 살았어'라는 원망과 분노만이 가득한 상황에서는 '저 사람과 이혼하고 다른 남자를 만나면 행복할 거야'라는 결론에 도달할 수밖에 없습니다. 그런 사람들에게 재혼은 곧 구원이자 탈출구로 여겨집니다.

재혼에 대해 어떻게 생각하시나요? 재혼은 해야 할까요, 하지 말아야 할까요? 재혼하지 마세요. 법률혼은 한 번으로 족합니다. 설령 재혼을 하더라도 그 타이밍은 정말 중요합니다.

먼저 내 결혼생활이 실패한 원인이 무엇인지 철저하게 분석해야 합니다. 실패한 가정에 어떤 문제가 있었는지 알아야 합니다. 부부 중 어느 한쪽에만 문제가 있는 경우는 없습니다. 설령 상대방에게 100퍼센트 문제가 있는 경우라 하더라도 그런 사람을 결혼 상대자로 선택했던 통찰이 없는 나도 큰 문제입니다.

사업에 실패하면 그 실패에 대해 분석합니다. 똑같은 시행착오를 반복하지 않기 위해 최선의 노력을 합니다. 그런데 정작 자신의 인생은 왜 그렇게 소홀하게 생각하시나요. 사업보다 내 인생이 더 중요합니다. 내 삶이 바로 서야 경제 활동도 잘하고, 돈도 벌고, 좋은 사람도 만날 수 있는 것입니다. 그렇지 않은 상태에서는 아무것도 안 됩니다. 아직 이혼도 안 했는데 좋은 남자부터 찾아서는 안 됩니다.

결혼은 신중하게 해야 합니다. 재혼이라면 더더욱 그렇습니다. 첫 번째 결혼의 실패와 이혼으로 인해 몸도 마음도 피폐해져 있습니다. 극도의 외로움을 느낄 수도 있습니다. 모든 것이 무너져 내린 상태입니다. 그런 상태에서 섣불리 결정한 재혼은 여러분의 인생을 나락으로 떨어뜨릴 것입니다.

그 어려운 이혼을 통해 겨우 자유롭게, 나답게 살 수 있는 기회를 얻었는데 왜 나를 탐구하지도 않은 채 섣불리 재혼을 결정합니까. 지금 급한 것은 재혼이 아닙니다. 나 자신을 바로 세울 때입니다.

나를 세우는 방법, 아류논어(我流論語)

실패 후 저는 '삶이란 세상을 바라보는 자기만의 태도를 만들어가는 여정'이라는 것을 깨달았습니다. 결혼과 이혼은 모두 삶의 여정에서 발생하는 이벤트에 불과합니다.

삶은 멈춰 있는 것이 아닙니다. 삶은 끊임없이 움직이는 파도와 같아서 그 과정에서 다양한 일이 발생합니다. 하지만 그 어떤 파도도 '나'라는 사람의 본질을 바꿀 수는 없습니다. 그것이 '살아가는 것'입니다.

공자는 덕에 대해 이야기하면서 "북극성이 마땅히 있어야 할 자리에 있으면 다른 별들은 자연스럽게 그곳으로 향한다"고 했습니다. 지금 여러분이 해야 하는 일은 북극성이 되는 것입니다.

爲政以德, 譬如北辰, 居其所而衆星共之
위정이덕, 비여북진, 거기소이중성공지

우리 모두가 하나의 북극성이라는 사실을 깨닫고 굳건히 그 자리를 지키고 있을 때 우리가 걱정하는 결혼, 결혼 생활, 이혼 후의 삶, 그리고 자녀의 삶이 모두 각자의 자리를 잡아가게 됩니다. 이때 주변의 외부적인 사건에 흔들리지 않고 한결같기 위해서는 내 본연의 모습에 가장 충실한 상태여야 합니다. 가장 나다운 모습이어야 합니다.

세상을 바라보는 기준은 어떻게 해야 세울 수 있을까요. 30대의 처절한 실패 후 겨우 살아갈 힘을 갖게 된 저는 우연히 이한우 선생님의 논어 수업을 듣게 되었습니다. 그때 저는 새로운 삶을 살아갈 수 있는 강력한 무기를 얻은 기분이었습니다. 처음 사법고시를 시작하면서, 합격한 하숙집 오빠가 건네준 분홍색 보자기에 고이 싸인 손때 묻은 기본서를 넘겨받았을 때처럼 제 가슴은 흥분으로 끓어넘쳤습니다.

지금 저는 이한우 선생님의 논어를 제 삶 속에 녹여내어 이지훈 류의 논어를 만들고 있습니다. 저는 그것을 '아류논어(我流論語)'라고 부릅니다. 아류논어는 모든 권위에서 벗어나 내 삶 속에서 해석된 논어입니다. 여러분도 각자의 논어를 만드십시오. 그리고 이 작업은 생을 마치는 그 순간까지 계속되어야 합니다.

우리는 살면서 크고 작은 실패를 경험합니다. 누구도 예외는 없습니다. 지금 여러분이 해야 할 일은 인생에서 맞닥뜨리는 수많은 실패에 좌절하고 부끄러워할 것이 아니라, 그 실패가 나에게 아무런 영향을 미치지 않도록 하는 것입니다.

모든 것은 경험입니다. 지금의 나는 성공과 실패의 조각들이 모자이크처럼 이어 붙여진 모습입니다. 자기기만을 하며 실패를 애써 지울 필요도 없습니다. 다른 사람은 나의 실패를 잊지 않을 것이기 때문입니다.

하지만 주홍글씨는 우리 삶에 아무런 장애가 되지 않습니다. 버릴 것은 하나도 없습니다. 우리가 경험한 삶의 조각이 많을수록 우리의 삶은 더욱 창조적인 작품이 될 것입니다.

네 신분을 잊지 마.

다른 사람들도 잊지 않을 거거든.

그걸 갑옷처럼 입고 있으면

그것 때문에 다치는 일은 없어.

— 〈왕좌의 게임〉 중 티리온 라니스터의 대사

아류논어
누구와 함께할 것인가 | 선택 잘하는 법

KI신서 9606

결혼은 신중하게 이혼은 신속하게

1판 1쇄 발행 2021년 3월 10일
1판 9쇄 발행 2025년 9월 15일

지은이 이지훈
펴낸이 김영곤
펴낸곳 (주)북이십일 21세기북스
인문기획팀 양으녕 이지연 서진교 노재은 김주현
디자인 박권웅 **표지 일러스트** this-cover.com
영업팀 정지은 장철용 강경남 황성진 김도연 이민재 한충희 남정한
제작팀 이영민 권경민

출판등록 2000년 5월 6일 제406-2003-061호
주소 (10881)경기도 파주시 회동길 201(문발동)
대표전화 031-955-2100 **팩스** 031-955-2151 **이메일** book21@book21.co.kr

ⓒ 이지훈, 2021
ISBN 978-89-509-9449-5 03300

(주)북이십일 경계를 허무는 콘텐츠 리더

21세기북스 채널에서 도서 정보와 다양한 영상자료, 이벤트를 만나세요!
페이스북 facebook.com/jiinpill21   **포스트** post.naver.com/21c_editors
인스타그램 instagram.com/jiinpill21 **홈페이지** www.book21.com
유튜브 youtube.com/book21pub

서울대 가지 않아도 들을 수 있는 명강의! <서가명강>
유튜브, 네이버, 팟캐스트에서 '서가명강'을 검색해보세요!